dtv

dtv
portrait

Herausgegeben von Martin Sulzer-Reichel

Jürgen Seidel, geboren 1948 in Berlin, studierte nach schulischer und handwerklicher Ausbildung und mehrjährigem Auslandsaufenthalt Germanistik und Anglistik in Düsseldorf. Seit der Promotion 1984 ist er als freier Autor und als Lehrbeauftragter an der Heinrich-Heine-Universität tätig.

Georg Büchner

von Jürgen Seidel

Deutscher Taschenbuch Verlag

Weitere in der Reihe dtv portrait erschienene Titel S. 160

Originalausgabe
April 1998
© Deutscher Taschenbuch Verlag GmbH & Co. KG, München
Umschlagkonzept: Balk & Brumshagen
Umschlagbild: Ausschnitt aus dem Stahlstich ›Georg Büchner‹
von A. Hoffmann (© AKG, Berlin)
Layout: Matias Möller, Agents – Producers – Editors, Overath
Satz: Matias Möller, Agents – Producers – Editors, Overath
Druck und Bindung: APPL, Wemding
Gedruckt auf säurefreiem, chlorfrei gebleichtem Papier
Printed in Germany   ISBN   3–423–31001–4

Inhalt

1   Carl Georg Büchner (1813–1837). Fotografie um 1875 der 1944 verbrannten Bleistiftzeichnung, wahrscheinlich von August Hoffmann

Vorwort

Was tut einer, der seiner Zeit voraus ist? In jedem Fall stiftet er Verwirrung. In seiner Gegenwart ist das Zukünftige noch nicht zu erkennen. Die Zukunft, für die er (ahnend oder zufällig) arbeitet, ist noch blind und ungeboren. Er ißt sich am Morgen satt und wundert sich, wenn alle sagen, er frühstücke bloß, während er eigentlich diniert. Georg Büchners Leben und Werk wirken heute wie ein raffiniertes Diner, während seine Zeitgenossen, bis auf wenige Weitsichtige, das meiste für einen hastigen Imbiß hielten. Man kann es ihnen nicht verübeln. Die deutsche Literatur der ersten Hälfte des 19. Jahrhunderts – Romantik, Biedermeier, Vormärz lauten die geläufigen Begriffe – steht zerrissen zwischen den großen Epochen, ist keine Klassik mehr und noch keine Moderne und spiegelt damit die unentschiedene gesellschaftspolitische Situation dieses noch uneinigen Landes im Zentrum längst selbstbewußt gewordener, wenn auch zerrütteter Nationen wider.

Vor allem bei Büchner geschieht das, was nie passieren darf: Ostern und Pfingsten fallen auf einen Tag – und verlieren ihre Identität. Es entsteht etwas Neues, das noch keinen Namen hat. Die Folgen sind eine experimentierfreudige Lossagung vom Bestehenden und damit schon so etwas wie literarische Formoffenheit in einem modernen Sinne. Hierin liegt Büchners originäre Leistung. Es ist seine jugendlich-visionäre Skepsis gegenüber den politischen ebenso wie den literarästhetischen Konventionen seiner problematischen Zeit.

Das Trauma der Französischen Revolution und ihre Napoleonischen Folgen sowie der warnende Anflug der europäischen Industrialisierung lassen die deutschen Kleinstaaten angstsarr und nervös-aggressiv in ihren engen Landes- und Vorstellungsgrenzen verharren. Die Welt um sie herum kreißt und blutet, ohne daß absehbar wäre, welches neue Leben zum Vorschein kommen wird. Die philosophischen Geister streiten zwischen einem rigorosen mechanischen Materialismus, der sich anschickt, dem Geist selbst seine Bedeutung abzusprechen, und einem überspannten Idealismus, der realitätsblind und, den Sinn von Volk und Nation mißdeutend, die Fundamente eines zählebigen irrationalen Nationalismus legt.

Leben in deutschen Grenzen um das Jahr 1813 bedeutet Unruhe, Armut, politische und weltanschauliche Orientierungslosigkeit. Insbesondere Kurhessen, dessen Landesfürst Ludewig I. das Risiko eingegangen ist, sich an Napoleons Feldzügen gegen Preußen, Österreich und Rußland zu beteiligen, befindet sich nach den sogenannten Freiheitskriegen in einer äußerst prekären Situation. Während der Großherzog versucht, seine Souveränität und seine Besitztümer mit Hilfe hastig abgeschlossener Verträge mit Österreich zu retten, zahlen seine Untertanen mit Hunger und hohen Kontributionsforderungen der Siegermächte die Zeche seiner bisherigen Politik.

Der Anblick dieser umfassenden Not ist eigentlich für alle Beteiligten Alltag. Über Jahrhunderte hinweg hat sich die Bevölkerung in allen Ländern in Besitzende und Besitzlose geteilt. Dieser Zustand ist ebensowenig mit den Besitzunterschieden in den heutigen Industrienationen vergleichbar wie diese mit den Ländern der Dritten Welt. Die meisten Menschen um 1813 leiden mehr oder weniger Hunger und sind unzähligen Erkrankungen hilflos ausgeliefert; die Lebenserwartung liegt bei etwa 45 Jahren. Das bedeutet, daß die Wahrnehmung von Not eine

grundlegend andere gewesen ist als unsere, wo der einzelne den Schutz des sozialstaatlichen Gemeinwesens genießt und den Anblick sozialer Not bzw. die Betroffenheit über soziales Elend anders bewältigen kann. Georg Büchner wird in einer Zeit groß, in der es gleichsam zur psychischen Grundausstattung des Menschen gehört, fast täglich große eigene oder fremde Not zu erleben. Entsprechend groß ist vermutlich die Neigung gewesen, die persönliche Betroffenheit nicht überhand nehmen zu lassen. Um so höher ist das soziale und politische Engagement Büchners und seiner Freunde und Gefährten zu bewerten – ebenso wie die Leistung seiner Eltern, denen es offenbar gelungen ist, unter diesen relativ schwierigen Bedingungen ein familiäres Klima zu schaffen, in dem sich eine bemerkenswerte Persönlichkeit wie Georg Büchner zu dem entwickeln konnte, was er heute für uns ist.

Daß die Entwicklung und jugendliche Reife dieser Persönlichkeit nicht mehr Zeitraum finden konnte als knappe 23 Jahre, hat diesem außerordentlichen Lebenslauf eine tragische Dimension verliehen und ihn dem deutschen Genie-Kult einverleibt.

Es ist von einem späteren bzw. heutigen Standpunkt aus leicht, den ›visionären Kommunisten‹ und ›Expressionisten‹ zu erkennen. Aber die konkreten Anlässe, aus denen Georg Büchner jeweils politisch und literarisch gehandelt hat, sind oft nüchterner und haben meist mehr mit seiner konkreten Alltagssituation zu tun als mit seinem ›Genie‹.

Wenn Georg Büchner ein ›Genie‹ war, so hatte er die geniale Gabe, sich Dingen zu verweigern, die seinem Werk zweifellos einen ›biedermeierlichen‹ Stempel aufgedrückt hätten und es in Büchners Zukunft, und somit für uns, zweifellos weniger interessant hätten erscheinen lassen. Jugend ersetzt Erfahrung durch Mut. Georg Büchner war ein mutiger Literat. Die literarischen Ziele, die ihm vermutlich vorschwebten, hat er mit seinen Tex-

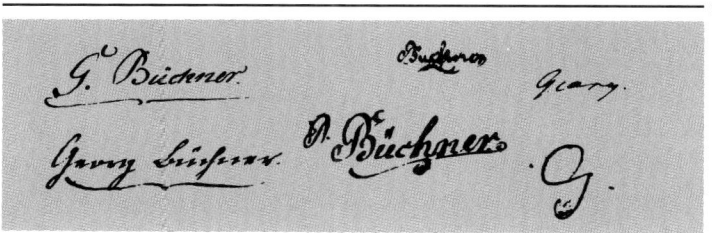

ten nie erreicht. Dafür ist ihm etwas gelungen, was ihn selbst vermutlich nur wenig beeindruckt hätte; es war nicht sein Thema: Er schrieb ›moderne‹ Literatur.

Die »gewisse Aussicht auf ein stürmisches Leben«, von der er in einem Brief an Wilhelmine Jaeglé schreibt, ist ihm verwehrt geblieben. Um so stürmischer verläuft sein Leben nach dem Tod, seine Wirkung, die kein Ende nimmt.

Wie der Leser bemerken wird, fußt das vorliegende Portrait auf Untersuchungen, die das Thema mit akademischer Genauigkeit und bewundernswerter ›Objektivität‹ nahezu erschöpfend behandelt haben. In erster Linie ist hier die Biographie von Jan-Christoph Hauschild zu nennen, dem es aufgrund langjähriger Forschungen gelungen ist, unser Verständnis von Büchner so zu vertiefen, daß unter die leidigen ideologischen Einverleibungen des Dichters endlich ein Schlußstrich zu ziehen ist.

Zweck meiner eigenen biographischen Annäherung kann es vor diesem Hintergrund nur sein, Neugier zu wecken, ein näheres Kennenlernen zu begünstigen, die Dinge erzählend nah zu bringen, was insbesondere im Hinblick auf die Komplexität der politischen Aspekte ebenso schwierig wie wünschenswert ist.

Georg Büchner war weder ein »Frühkommunist« noch ein Vorläufer des literarischen Naturalismus oder Expressionismus. Er war ein kluger, junger Mann im Konflikt mit seiner Umwelt, die geprägt war von sozialen Spannungen aller Art, auf die er ungewöhnlich kreativ und originell reagierte. Es ist das Schicksal solcher Begabungen, infolge ihrer spezifischen Mischung aus Engagement und Talent von nachfolgenden Generationen vereinnahmt und verklärt zu werden.

Diese Buch erzählt von jenem klugen, jungen Mann namens Georg Büchner, der viel zu früh starb. Von nichts anderem.

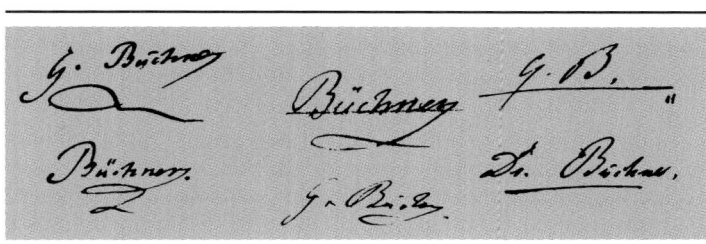

»Die Wüste Sahara in allen Köpfen und Herzen«

Am Abend des 15. Februar 1837 tritt die fünfundzwanzigjährige Pfarrerstochter Wilhelmine Jaeglé, von einer ›Anstandsdame‹ begleitet, eine Reise per Eilwagen von Straßburg nach Zürich an, die sie zwei Tage später ans Krankenbett ihres von Delirien geschüttelten Verlobten bringt. Als sie ins Krankenzimmer tritt, wird sie von dem Sterbenden nur noch für Augenblicke erkannt. Abermals zwei Tage später stirbt er in ihrem Beisein. »Er ist sanft eingeschlummert«, schreibt sie später einem Freund ihres toten Bräutigams, »ich habe ihm die Augen zugeküßt, Sonntag, den 19. Februar, um halb 4« – Georg Büchner, Dramatiker und Wissenschaftler, ist mit gerade 23 Jahren und am Beginn einer aussichtsvollen akademischen und künstlerischen Karriere an einer Typhusinfektion gestorben.

✲

Georg Büchner wird am 17. Oktober 1813 in Goddelau im Großherzogtum Hessen-Darmstadt geboren. Das Dorf, im fruchtbaren Ried unmittelbar am Rhein gelegen, besteht aus ein paar Dutzend strohgedeckter Häuser. Die Einwohner betreiben Viehzucht. Handwerker arbeiten für die Region, es sind vor allem Wagner, Zimmerleute und Leineweber.

Das Leben zu dieser Zeit in Deutschland ist alles andere als üppig. Die Rückständigkeit der Wirtschaft im europäischen

Die Gründung des **Deutschen Bundes** von 41 politisch autonomen deutschen Staaten und freien Städten auf dem Wiener Kongreß 1815 bildet die Grundlage der politischen Zersplitterung des Deutschen Reiches in der ersten Hälfte des 19. Jahrhunderts. Neben den Großmächten Österreich und Preußen umfaßt er vier weitere Königreiche, ein Kurfürstentum, sieben Großherzogtümer, zehn Herzogtümer, zwölf Fürstentümer, ein Landgrafentum sowie die freien Städte Hamburg, Bremen, Lübeck und Frankfurt. Der Deutsche Bund besteht bis 1866.

2 Karikatur zur Kleinstaaterei in Deutschland

Vergleich hat zur Massenarbeitslosigkeit geführt. Durch die Kriege gegen Napoleon ist die wirtschaftliche Lage noch schlechter geworden, als sie es ohnehin schon gewesen ist. Die Einkommen der Gewerbetreibenden wie der Arbeiter stagnieren, ohne daß sich die Lebenshaltungskosten verringert hätten. Oberhessen ist noch schlechter dran als andere Territorien. Hier gibt es die höchste Sterblichkeitsrate, die meisten Auswanderungswilligen und den größten Prozentsatz an unehelichen Geburten. Die territoriale Zersplitterung Deutschlands nimmt hier beinahe groteske Formen an und lähmt die Wirtschaft zusätzlich. Hinzu tritt, daß in den sogenannten Souveränitätslanden in Oberhessen die Bevölkerung einer doppelten Besteuerung unterliegt, durch die Regierung in Darmstadt und durch die örtliche Standesherrschaft. Eine der beiden Steuerabgaben ist für die meisten Bauern schon zuviel, weil die seit 1811/1812 betriebene »Bauernbefreiung« und die damit verbundene Umwandlung materieller Leistungen in fis-

12

Wir sind schon durch ein Dutzend Fürstenthümer, durch ein halbes Dutzend Großherzogthümer und durch ein paar Königreiche gelaufen und das ... in einem halben Tag ... das ist ein Land, wie eine Zwiebel, nichts als Schaalen, oder wie ineinandergesteckte Schachteln, in der größten sind nichts als Schachteln und in der kleinsten ist gar nichts.

›Leonce und Lena‹

kalische mit zusätzlichen Verschuldungen verbunden ist. Es
herrscht allenthalben blanke Not.

Unter diesen schwierigen Bedingungen hat Georgs Vater,
Ernst Büchner, Ende 1811 seine Anstellung als Distriktsarzt
des Groß-Gerauer Amts Dornberg angetreten, wozu wenig
später die Position eines Hospitalchirurgen am ›Philippshospital‹ in Hofheim, einem ›Irrenhaus‹ für »Rasende und
Wahnsinnige«, hinzukommt. Ein Jahr später heiratet er die
einundzwanzigjährige Caroline Reuß, die Tochter des Ver-
waltungsdirektors desselben ›Hohen Landes-Hospitals‹, Hof-
rat Georg Reuß, und bezieht mit ihr eine Wohnung in Goddelau, knapp zwei Kilometer vom Philippshospital entfernt.

Ernst Büchners Gehalt liegt bei etwa 200 Gulden jährlich,
womit das Auskommen der jungen Familie gesichert ist. Das
Gros der Bevölkerung Oberhessens muß in den 20er und 30er
Jahren sehr viel bescheidener haushalten. Während die
Arbeitslöhne seit Jahrzehnten fast unverändert geblieben
sind, haben sich Mieten, Preise für Holz, Fleisch, Kleidung
und Schuhwerk stetig nach oben bewegt. In vielen Haushalten kommt im Verlauf eines Jahres überhaupt kein Fleisch
auf den Tisch. Weizen wird mit billiger Gerste vermischt und
Gemüse nur selten gekocht, weil seine Zubereitung eine

3   Das Geburtshaus Büchners in Goddelau bei Darmstadt

bestimmte Menge Fett oder Fleischbrühe erfordert. Hauptnahrungsmittel vieler ist die Kartoffel, die geeignet ist, den Hunger zu stillen, bevor Dinge wie Brot verzehrt werden. Alkoholismus, eine hohe Zahl unehelicher Geburten und Bettelei in allen erdenklichen Formen sind der sichtbare Ausdruck der wirtschaftlichen Misere. »Die Bettelei im Hessischen ist ohne Beispiel«, bemerkt um 1831 ein Reisender, »oft lief ein Trupp zerlumpter Kinder unter Schreien und Winseln eine Viertelstunde weit neben dem Wagen her, um ein Almosen zu erhalten.« Tausende in Not geratene Familien können sich eine Zukunft nur noch in Amerika, Brasilien oder Australien vorstellen und kehren ihrer Heimat und dem Großherzogtum den Rücken. Oberhessen verliert auf diesem Weg, verglichen mit anderen Provinzen, die meisten Einwohner. Die Regierung hat den Nerv, auf diese Emigrationswelle mit nichts als erschwerenden Verordnungen zu reagieren, um die Menschen im Lande zu halten.

Als ›Bezirks-Chirurg‹ ist Dr. Ernst Büchners gesellschaftliche Stellung nicht mit der eines heutigen Arztes gleichzusetzen. Auch als er 1816 die Amts- und Stadtchirurgenstelle in Darmstadt übernimmt, ist daraus nicht auf ein großbür-

4 ›Napoleon auf dem Schlachtfeld von Eylau am 9. Februar 1807‹. Gemäde von Antoine-Jean Gros, 1808. Paris, Musée du Louvre

gerliches Leben zu schließen. Georgs Vater bleibt Zeit seines Lebens ein finanziell sehr umsichtiges, um nicht zu sagen knauseriges Familienoberhaupt, so etwa wenn er vor der versammelten Familie eine große Schüssel Linsen auf dem Tisch ausschütten läßt, um vergessene Gersten- oder Wickenkörner auszulesen. Für die Ausbildung seiner Kinder dagegen ist ihm kein Betrag zu schade.

5 Dr. Ernst Büchner im Alter von 68 Jahren

Ernst Büchner ist ein Mann mit wenig Phantasie und vielen Prinzipien. Seine Vorfahren, allesamt Ärzte, repräsentierten den Geist eines durch Fleiß und Rechtschaffenheit aufstrebenden Bürgertums. Die Genealogie der hessischen Wundarztfamilie Büchner läßt sich bis ins 16. Jahrhundert zurückverfolgen. Es ist »eine Familie von Menschenrettern«, deren jüngster Sproß Ernst sich seine chirurgischen Sporen als Major in der zunächst noch holländischen, nach 1810 dann französischen Armee verdient. Von der einfachen Verwundung bis hin zu den entsetzlichsten Kriegsversehrungen wird es ihm als Feldchirurg an praktischen Lehrbeispielen nicht gefehlt haben. Nach einigen Monaten verläßt er die Armee als ›Ober-Chirurgus‹ und arbeitet eine Zeit lang in holländischen Zivildiensten, bevor er Ende 1811 nach Reinheim zurückkehrt und seine Laufbahn als Amtsarzt beginnt. Unerschrockenheit und Disziplin sind, neben den medizinisch-

15

Was mich hier [in Berlin] speziell interessirte ist die Cholera welche sich wieder hier gezeigt hat, wir hatten einen Bestand von 20 Cholera Kranke, täglich 2 Todte, jetzt hat die Cholera wied. abgenommen, die Anzahl d. Kranken im Hospital ist auf zehne heruntergekommen … 30–40 typhus Kranke – 10–15 metro peritonite, Kindbettenfieb. oft mit tödlichem Ausgang …

Eugène Boeckel an Georg Büchner, 15. Mai 1836

6 Caroline Büchner, geborene Reuß,
im Alter von 63 Jahren

handwerklichen Fähigkeiten,
zwei wichtige berufsbezoge-
ne Eigenschaften Ernst Büchners. Aber auch in seiner
Rolle als Familienvater ist er,
wie ein Jugendfreund Georgs
später berichtet, »ein charak-
tervoller und pflichtgetreuer
Mann, der mit starrer Festig-
keit seine Ansichten und
Vorurtheile behauptete«. Die
Mutter dagegen wird als
»Frau von der anmuthigsten
und liebenswürdigsten, die
Gegensätze des Lebens mild
ausgleichenden Weiblichkeit,
ein Engel an Herzensgüte«,
beschrieben.

Georg Büchners Mutter Caroline ist eine Frau mit wenigen
Prinzipen und um so mehr Phantasie. Sie entstammt einer
gesellschaftlich höhergestellten Beamtenfamilie, hat eine aus-
gezeichnete Erziehung genossen und verfügt offenbar über
einen feinen Sinn für Religion und Poesie. Ihr »weiches,
schwärmerisches, für und durch das Schöne leicht entflammtes
Gemüth« befähigt sie, die patriotische Dichtung der Zeit –
Schiller, Körner, Uhland – nachzuempfinden, und es ist gut
vorstellbar, daß sie diese Sensibilität auch auf ihre Kinder
überträgt. Während Ernst Büchner eher spröde bleibt und sich
seine Schwärmerei darauf beschränkt, seine Loyalität gegenüber dem hessischen Landesvater Ludewig I. mit einer soliden
Napoleon-Verehrung zu vereinbaren, die ihre Wurzeln teilweise wohl auch in einer persönlichen (eigentlich bedeutungslo-

16

Friedrich Schiller (1759–1805) wurde
während der und nach den Freiheitskriegen gegen Napoleon zunehmend
als patriotischer deutscher Dichter
rezipiert; vgl. Stuttgarter und Dresdener Schillerfest sowie diverse
Schillerfeiern 1859.

Ludwig Uhland (1787–1862) beginnt
als romantischer Dichter, wendet
sich 1815 der Politik zu und verfaßt
eine Serie von Flugblättern, die als
›Vaterländische Gedichte‹ erscheinen.

Aufruf
Frisch auf, mein Volk! Die Flammenzeichen rauchen,
Hell aus dem Norden bricht der Freiheit Licht.
Du sollst den Stahl in Friedensherzen tauchen;
Frisch auf, mein Volk! – Die Flammenzeichen rauchen;
Die Saat ist reif; ihr Schnitter, zaudert nicht!
Das höchste Heil, das letzte, liegt im Schwerte!
Drück dir den Speer ins treue Herz hinein;
Der Freiheit eine Gasse! – Wasch die Erde,
Dein deutsches Land, mit deinem Blute rein!

Aus: Theodor Körner, Aufruf, 1813

sen) Begegnung mit dem Kaiser hat, versammelt Caroline die Kinder in ihrem ›Damenzimmer‹ und hört sich geduldig und mit ehrlichem Interesse »alle ihre kleinen Geheimnisse und ihren Herzenskummer« an.

Die Harmonie der Ehe zwischen Caroline und Ernst steht auf dem Fundament gegenseitigen ehrlichen Respekts. Zwischen 1814 und 1827 werden dem Ehepaar acht Kinder geboren. Den zuletzt neunköpfigen Haushalt führt die Mutter tadellos und mit sicherer Hand. Bei ihr wird »discutirt«, nicht »disputirt«, erinnern sich die Kinder, sie schimpft nicht, sondern setzt sich auseinander, wohl auch über den Kopf und die starren Bestimmungen des Vaters hinweg. Die Kinder danken es ihr mit bedingungslosem Vertrauen.

Von den sieben Geschwistern Georgs sterben zwei noch im Kindesalter. 1815 wird Mathilde geboren, die später zwar im Krankheitsfall die Mutter zu vertreten versteht, ansonsten aber bleibt sie die einzige von Georgs Geschwistern, die nicht irgendwann einmal das Interesse der Öffentlichkeit auf sich gezogen hat.

Ein Jahr nach Mathildes Geburt kommt Wilhelm Büchner zur Welt, der sich als eine Art ›Spätzünder‹ einen Namen

☛ Werner Pöls: Deutsche Sozialgeschichte, Bd. I (1815–1870). München 1973

☛ Hans Deuster: Die Büchners im Ried. Riedstadt 1997

Theodor Körner (1791–1813, gefallen) Die posthum erschienene patriotische Liedersammlung ›Leyer und Schwerdt‹ greift auf Körners Erfahrungen in den Freiheitskriegen zurück und erlebt im 19. Jahrhundert zahlreiche Auflagen und Vertonungen.

macht. Zunächst in Schule und Beruf ziemlich glücklos, mausert er sich später als Erfinder des künstlichen Ultramarin-Pigments zum »Krösus der Familie«. In der zweiten Hälfte des 19. Jahrhunderts wendet er sich der Politik zu und hat von 1877 bis 1884 als Kandidat der demokratischen ›Fortschrittspartei‹ einen Sitz im Reichstag inne.

1821 wird Luise Büchner geboren. Ein Kindermädchen läßt den Säugling versehentlich fallen, was zu einer lebenslangen Verkrümmung des Rückens führt. Luise tritt später mit dem 1855 erschienenen Buch ›Die Frau und ihr Beruf‹ als Frauenrechtlerin hervor, betätigt sich als Reiseschriftstellerin und Historikerin und ist den zahlreichen, von der wissenschaftlichen Männerwelt geflissentlich vergessenen Frauen zuzurechnen, die während der vergangenen 200 Jahre den politischen Kampf für Frauenemanzipation und Chancengleichheit geführt haben.

Im Jahr 1824 kommt in Darmstadt, wohin die wachsende Familie bereits 1816 gezogen ist, Ludwig Büchner zur Welt. Sein ebenfalls 1855 erschienenes Buch ›Kraft und Stoff‹ erlebt allein bis 1902 nicht weniger als 20 Auflagen. In Ludwig hat die unsentimentale und naturwissenschaftlich orientierte Weltsicht des Vaters ihren vielleicht kompromißlosesten Erben und Entwickler gefunden. Er wird, indem er darstellt, »daß das makrokosmische wie das mikrokosmische Dasein in allen Punkten seines Entstehens, Lebens und Vergehens nur *mechanischen* … Gesetzen gehorcht«, einer der populärsten materialistischen Philosophen seiner Zeit.

Schließlich wird 1827 Alexander Büchner geboren. Er studiert Jura, habilitiert sich in Zürich und wird 1867 Professor für »fremdländische Literatur« im französischen Caen. Man darf Alexander sicher glauben, wenn er in seinen Erinnerungen schreibt, daß er und seine Geschwister »eine höchst

7 Wilhelm Büchner (1816–1892), »Krösus der Familie«, Fabrikant, Erfinder des künstlichen Ultramarin-Pigments

8 Luise Büchner (1821–1877), Frauenrechtlerin, 1855 erscheint ›Die Frau und ihr Beruf‹

glückliche Kindheit« erlebt hätten. Das familiäre Klima im Hause Büchner, sei es in den beengten Verhältnissen in Goddelau oder den etwas großzügigeren in Darmstadt, darf trotz der Strenge und Sprödigkeit des Vaters und ohne das Bild der gütigen Mutter zu verklären, als offen und herzlich bezeichnet werden. Auch als Ernst Büchner 1825 das dreistöckige Haus in der Darmstädter Grafenstraße erwirbt, bleibt die soziale Umgebung kleinbürgerlich-bescheiden, das Familienleben in seiner relativen Intaktheit »sehr still, sehr schlicht«, wie der erste Biograph Georg Büchners, Karl Emil Franzos, schreibt, und »in seiner Führung von Ueppigkeit und Entbehrung gleich weit entfernt«.

Wir dürfen uns, mit aller Vorsicht, eine durchaus biedermeierliche Familienidylle vorstellen, wie sie in der ersten Hälfte des 19. Jahrhunderts, besonders mit Blick auf die Welt der Kinder, keineswegs üblich ist, da man sich ökonomisch gezwungen sieht, im Kind eine entscheidende materielle Versicherung für die eigene Zukunft zu sehen. Das Kind ist Bürger und Soldat von morgen, entsprechend rigoros sind die erzieherischen Maßnahmen, mit denen man Kinder ›auf den rechten Weg‹ zu bringen versucht. Körperliche Züchtigung von Kindern gilt als notwendig, und die Zeiten, in denen anspruchsvolle Pensionate in ihren Prospekten ausdrücklich damit werben, auf solche Methoden zu verzichten, liegen noch in ferner Zukunft.

In der Familie Büchner – und das ist bemerkenswert – können die Kinder ihre Probleme offen ansprechen, davon zeugen Briefe Georgs an die Eltern, in denen er wiederholt vertrauliche Mitteilungen macht. Aus heutiger Sicht darf diese relative Offenheit und Freiheit als ein wichtiger Umstand der kindlichen Entwicklung Georg Büchners (und seiner Geschwister) angesehen werden, ohne den viele Aspekte seines Den-

9 Ludwig Büchner (1824–1899), materialistischer Philosoph, 1855 erscheint ›Kraft und Stoff‹

10 Alexander Büchner (1827–1904), Jurist und Professor für »fremdländische Literatur«

11 Kinderarbeit ist zu Beginn des 19. Jahrhunderts nicht nur zu Hause, sondern auch in Bergwerken und Betrieben Normalität.

kens und Schaffens vermutlich anders oder gar nicht zum Vorschein gekommen wären.

Neben der Erziehung ist auch die Trennung zwischen Lebens- und beruflicher Tätigkeitssphäre zu Büchners Zeit nicht mit den heutigen Verhältnissen zu vergleichen. Die meisten Handwerksbetriebe sind kleine Familiengebilde, in denen Kinderarbeit ebenso selbstverständlich wie ökonomisch erforderlich ist. Die Werkstatt ist ein Teil der Wohnung oder umgekehrt. Fabriken gibt es wenige, und wenn, dann sind dort höchstens ein Dutzend Menschen tätig. Das städtische Straßenbild wird vom Militär bestimmt; jeder fünfte Erwachsene gehört dem Militär an, aber es gibt noch keine Kasernen, sondern nur private Unterkünfte. Privates und Berufliches mischen sich auf vielen Ebenen.

Ernst Büchners Arztpraxis wird hier keine Ausnahme gewesen sein. Die meiste Zeit ist er unterwegs, besucht Hospitäler, für die er zuständig ist, und macht unzählige Hausbesuche. Wenn er daheim praktiziert, steht den Kranken nicht etwa ein Wartezimmer zur Verfügung; die Behandlungen sind bis zu einem gewissen Grad ein Teil des häuslichen Alltags der

☛ Hans Jürgen Teuteberg / Günter Wiegelmann: Der Wandel der Nahrungsgewohnheiten unter dem Einfluß der Industrialisierung. Göttingen 1972

☛ Wolf Lepenies: Melancholie und Gesellschaft. Frankfurt a. M. ¹1969

☛ Lotte Adolphs: Industrielle Kinderarbeit im 19. Jahrhundert. Duisburg 1972

☛ Edith Heischkel-Artelt (Hg.): Ernährung und Ernährungslehre im 19. Jahrhundert. Göttingen 1976

Familie. Die ›Praxis Dr. Büchner‹ unterscheidet sich sehr von dem, was wir mit diesem Begriff verbinden. Es herrschen zwar Sauberkeit und Ordnung, aber man darf sich dabei kein von den übrigen Räumen des Hauses abgetrenntes hygienisches Ambiente aus Stahl und Kacheln vorstellen. Das sind Bilder frühestens der Jahrhundertwende. Die wahren Ursachen von Infektionen sind zu Büchners Zeit noch weitgehend unbekannt und werden grundsätzlich im Vorhandensein und Einatmen übler »Miasmen«, also schlechter Luft, vermutet. Es ist nicht einmal sichergestellt, ob im Hause Büchner ein eigenes Behandlungszimmer vorhanden war. Georg Büchner und seine Geschwister werden bereits als Kinder viel Kontakt mit Kranken und Hilfesuchenden gehabt und ihrem Vater hier und dort vielleicht sogar mit einfachen Handreichungen assistiert haben. Sie sind schon früh mit Krankheitsleiden konfrontiert und lernen, welche Niederlagen der Arzt immer wieder hinnehmen muß. Es sind dies ausschlaggebende Erfahrungen der Büchner-Kinder, die einerseits mitbestimmen, welchen beruflichen Weg sie einschlagen, und andererseits erklären, warum sie späterhin allesamt mit den empirischen Wissenschaften sympathisieren, ein klares politisches Gespür entwickeln, verbunden mit einer deutlichen Absage an den spekulativen deutschen Idealismus, die »betrunkene Philosophie«, wie Ludwig Feuerbach ihn nennt, der von Ludwig Büchner in ›Kraft und Stoff‹ von 1855 ausdrücklich zitiert wird.

Der Weg der Familie Büchner in die Residenz des Großherzogtums, nach Darmstadt, führt 1815 von Goddelau aus über das benachbarte Stockstadt. Der Sohn Carl, der schon im Alter von fünf Monaten sterben wird, kommt am 1. Mai 1818 bereits in Darmstadt zur Welt.

Die Residenz ist zu dieser Zeit eine durch und durch vom Hof Ludewig I. und dessen Militär geprägte Stadt von (für

☛ Jean Paul: D. Katzenbergers Badereise ... 1807–08

12 Der Johannesbau des »Hohen Landeshospitals« für »Rasende und Wahnsinnige« in Hofheim, an dem Büchners Vater als »Bezirkschirurg« arbeitete.

damalige Verhältnisse) mittlerer Größe mit ca. 18 000 Einwohnern. Äußerlich bietet sie durchaus das Bild einer biedermeierlichen Residenzgesellschaft mit allerlei Annehmlichkeiten für diejenigen, die es sich leisten können: öffentliche Bäder, ein Theater, medizinische Einrichtungen und vieles mehr. Hinter dieser Fassade kündigt sich aber bereits derselbe ökonomische Kampf an, den die ländlichen, von der Agrarwirtschaft lebenden Gegenden schon seit den Kriegen zu erleiden haben. Wirtschaftlich spielt die Landwirtschaft in der Stadt kaum eine Rolle; hier dominieren der Handel und das kleine Handwerk, bis 1820 noch unter zünftischen Bedingungen. Erst danach treten die neuen Gesetze der Gewerbefreiheit in Kraft; 1833 / 1834 tritt die Gründung des Deutschen Zollvereins hinzu. Diese Umstellungen bringen indes statt gewerblicher Erleichterungen zunächst nur Desorientierung und wirtschaftliche Unruhe mit sich, die sich aufgrund der ökonomischen Rückständigkeit Deutschlands bis in die Jahrhundertmitte hinein in fast allen Bereichen nachteilig bemerkbar

machen. Entsprechend ereignen sich vor dem und um das Jahr 1820 täg-lich Geschäftsaufgaben, und es herrscht Arbeitslosigkeit. Zwei Mißernten 1816 / 1817 haben die allgemeine Preis- und Versorgungslage dramatisch verschlechtert; hinzu kommt die beinahe grotesk

13 Die Steuereinnehmer. Federzeichnung in einem Brief von J. E. Bieler, 1821

22

Ludewig I. (1790–1830), bis 1806 Ludwig X., Landgraf von Hessen-Darmstadt, tritt 1806 dem durch Napoleon initiierten Rheinbund bei und wird zum Großherzog Ludewig I. ernannt. Das Land erhält 1820 eine Verfassung, wobei die Rechte der Landstände eingeschränkt bleiben.

anmutende Fehlverteilung der hohen Steuerabgaben durch die großherzoglichen Verwaltungseinrichtungen mit ihrem Heer von redundanten und verhältnismäßig hoch bezahlten Beamten.

Auch in Darmstadt und unter den Bedingungen eines erhöhten Einkommens leben und pflegen die Büchners keinen großbürgerlichen Stil. Alles bleibt auf die ernste und ehrliche Erfüllung der beruflichen, häuslichen und schulischen Pflichten konzentriert. In der Freizeit besucht man das 1820 eröffnete, von Ludewig I. in einem Teil des Schlosses eingerichtete Museum, eines der ersten seiner Art in Deutschland, und betrachtet eine beträchtliche Zahl italienischer, französischer, niederländischer und deutscher Gemälde sowie Korknachbildungen bekannter Bauwerke des antiken Rom. Ebenfalls im Schloß befindet sich eine Naturalien-

14 Therese Peche (1806–1882): Die viel bewunderte Schauspielerin wurde 1828 mit einem Kontrakt auf Lebenszeit an das Großherzoglich-hessische Theater verpflichtet, wechselte jedoch 1829 bereits ans Stuttgarter Hoftheater.

Sammlung, die zweifellos das besondere Interesse von Ernst Büchner erregt haben wird. Hier gibt es menschliche Embryonen, Föten und Mißgeburten, im Vorsaal die sogenannte Florentinische Anatomie, in der (gewiß nicht ohne Schauern) der »hautlose Mann« zu sehen ist und »ein dergleichen Pferd«. Vielleicht besucht man das Hof-Opern-Theater und sieht die beliebte und weithin bekannte Schauspielerin Therese Peche, die mit ihren Shakespeare-Rollen auf der Bühne die Residenzstadt begeistert und sich bisweilen dem Arzt Ernst Büchner als Patientin anvertraut. An

Deutscher Zollverein = wirtschaftlicher Verbund von 18 dt. Territorialstaaten unter Führung Preußens; bestand von 1834 bis 1871; beseitigte Zollgrenzen zwischen den Mitgliedern und setzte Grenzzölle gegenüber den nicht angeschlossen Staaten.

Landstände/Landtag = Personen und Körperschaften, die (seit dem 13. Jh.) Sitz und Stimme auf den Landtagen der dt. Territorialstaaten haben. Der sog. Vierte Stand, Bauern und Handwerker, sind in den Landständen nicht vertreten.

manchen Sonntagen geht man womöglich in einem Park spazieren, besucht mit den Kindern den ›Gervinus'schen Garten‹ oder unternimmt Ausflüge bis in den Odenwald oder zur Bergstraße. Die allgemeine Not ringsumher trifft die Familie Büchner nie am eigenen Leib, auch wenn sie nicht zuletzt durch den Beruf des Vaters häufig mit ihr konfrontiert ist. Es ist den Eltern zu danken, daß alle Büchner-Kinder in diesem Klima, auch ohne die zeittypische Vermittlung strengchristlicher Moralvorstellungen, ein ungewöhnlich hohes Maß an sozialer Kompetenz, Sensibilität und Empathie erwerben, das sie bis in ihr jeweiliges berufliches Engagement hinein begleitet.

Beachtet man, daß Georg Büchner stirbt, bevor er das 24. Lebensjahr vollendet hat, erhalten die insgesamt zehn Jahre seiner Schulzeit bei der Betrachtung von Leben und Werk eine verhältnismäßig größere Rolle als im Falle eines ›normalen‹ Lebensweges.

Als Georg im Herbst 1821, achtjährig, in die frisch gegründete private Erziehungs- und Unterrichts-Anstalt des Theologen Carl Weitershausen eintritt, läßt eine vereinheitlichende deutsche Schulreform noch 100 Jahre auf sich warten. Zwar gibt es ›Volksschulen‹ bereits seit dem 17. Jahrhundert, aber ihre Organisation ebenso wie ihre Lehrerschaft und Lehrinhalte sind von Fall zu Fall sehr unterschiedlich. Einige Dinge haben diese Schulen indessen gemeinsam. So spielen Mathematik und die exakten Wissenschaften noch eine sehr untergeordnete Rolle und werden fast überall vom neuhumanistischen Interesse am Erwerb der Sprache, Geschichte und Kultur der ›Alten‹, also der Griechen und Römer, übertönt. Die jüngsten ›Schüler‹ sind kaum vier Jahre alt, und schon die achtjährigen, also auch Büchner, müssen sich, ne-

24

15 »Beim Schlafen ertappt«, die Prügelstrafe war an den Schulen des 19. Jahrhunderts ein probates ›Erziehungsmittel‹. Offiziell wurde sie erst in den 50er und 60er Jahren unseres Jahrhunderts abgeschafft.

ben dem Hauptpensum an Latein und Griechisch, mit Geo-
metrie, Geschichte, Naturlehre, Gedächtnisübungen und sogar »mathematischer Geographie« herumschlagen. Die gän-
gige Didaktik beruht auf der gewiß nicht allzu überzogenen,
aber durchaus gezielten Verabreichung von Prügel. Der Unterricht erstreckt sich an sechs Werktagen von sieben Uhr
früh bis vier Uhr nachmittags. Die wichtigsten Arbeitsmittel
der Schüler sind Griffel und Schiefertafel. Ferien im heutigen
Sinne gibt es nicht.

Wer zu Büchners Zeit eine Schule besucht, weiß in der Regel
bereits, welchen beruflichen Weg er einschlägt, ob er Kaufmann, Staatsdiener oder Akademiker wird. Dies gilt mehr
noch für das Gymnasium, dessen hohe Gebühren schon allein
dafür Sorge tragen, daß gebildet wird, wer schon gebildet ist.
Die Erziehungsziele auf allen Schulen sind Ordnung, Fleiß,
Gehorsam und Selbstüberwindung, deren Entwicklung (im
Falle von Georg Büchner) Rektor Weitershausen keineswegs
dem Zufall überläßt, sondern mit Hilfe eines ausgeklügelten
Strafsystems vorantreibt. So führt er drei Bücher für drei Ar-
ten von Schülern: ein ›Ehrenbuch‹ für die ganz Braven, ein
›Prüfebuch‹ für Schüler, die etwas verbockt haben, und ein
›Schwarzes Buch‹ für unverbesserliche Schlingel und Störer.

Ostern 1825 verläßt Georg Büchner die Schule des Herrn
Dr. Weitershausen und besucht bis 1831 das Großherzogliche
Gymnasium unter der Regie von (zu Beginn) Johann Georg
Zimmermann, einem der ›geistigen Väter‹ der studentischen
Burschenschaften, und sodann Carl Dilthey, einem jungen
klassischen Philologen, der weitsichtig und ›modern‹ genug
ist, die dürftige Stundenzahl für Deutsch und Mathematik
immerhin zu verdoppeln. Das Darmstädter Gymnasium hat-
te schon damals Tradition und einen guten Ruf; auf seinen
Bänken haben vor Georg Büchner bereits Georg Christoph

Neuhumanismus = erneute Hinwen-
dung zum klassischen Altertum seit
etwa 1750; um 1800 vor allem auch bezüglich der Lehrinhalte an höheren
Schulen, die den altsprachlichen Unterricht vertiefen und durch die Beto-
nung des Griechischen in den Geist
des Altertums einführen sollten

☛ Gerhard Schaub: Georg Büchner
und die Schulrhetorik. Untersuchungen und Quellen zu seinen Schülerarbeiten. Bern, Frankfurt a. M. 1975

☛ K. Esselborn / W. Hammann:
Unter Diltheykastanie. Schulerinnerungen … Darmstadt 1929

Lichtenberg, Georg Gottfried Gervinus sowie Justus Liebig gesessen und ihr Pensum gelernt.

Das Schulgebäude selbst ist ziemlich klein und steht inmitten der verwinkelten Altstadt. In gerade mal fünf Klassenzimmern werden insgesamt ca. 300 Schüler unterrichtet. Allerdings dauert hier der Unterricht nur bis etwa zwei Uhr, dafür ist das Pensum größer und die Anzahl der Fächer weit über ein Dutzend. Neben Geographie, Archäologie, Mythologie, Lehre der »Stylgattungen«, Farbenlehre, Holzschneidekunst, Paläographie sowie »Kunde der Handschriften und Inschriften« und vieles mehr (einschließlich natürlich der ›klassischen‹ Schulfächer) wird auch ein heute eher exotisch klingendes Fach wie »Enzyklopädie« erteilt, eine bunte Mischung unterschiedlichster Themen, darunter Münzkunde, Philosophie und Militärwesen. Besonders den älteren Schülern versucht man hierdurch, kurz vor ihrem Eintritt ins Berufsleben, noch einmal einen umfassenden Blick auf den Wissensstand der Zeit zu vermitteln.

So pittoresk das Schulgebäude und der Fächerkanon des Darmstädter ›Pädagogs‹ erscheinen, so eigenartig ist der Reigen der Lehrer, die Georg Büchner und seine Klassenkameraden erleben. Dieser Lehrkörper umfaßt etwa fünfzehn zumeist jüngere Männer, die in der Erinnerung von Georgs Mitschülern

16 Das Darmstädter »Pädagog«

Georg Christoph Lichtenberg (1742–1799): Physiker und Schriftsteller; Herausgeber des ›Göttinger Taschenkalenders‹, in dem er populärwissenschaftliche Aufsätze veröffentlicht; ein Autor meisterhafter Aphorismen.

Georg Gottfried Gervinus (1805–1871) Historiker und Politiker; gehört 1848 vorübergehend der Frankfurter Nationalversammlung an; wird 1853 wegen seiner demokratischen Überzeugung als Hochschullehrer entlassen; als Literarhistoriker stellt er erstmals Dichtung in den Zusammenhang historischer Entwicklung.

als ein Panoptikum pädagogischer Karikaturen dargestellt werden.

Da ist Karl Baur, Theologe, der »Teutsch« und Geschichte gibt, selbst Gedichte verfaßt, in denen er dem Landesvater huldigt, und sich für ein verkanntes Genie hält. Die Schüler mögen ihn nicht, und sein Unterricht ist planlos, Baur selbst sei »geistreich, aber zuchtlos und arbeitsscheu«. Johann Justus Storck, ebenfalls Theologe, unterrichtet Religion und Latein und trinkt Wein in einem Ausmaß, das ihn stadtbekannt werden läßt. Sein Wissen ist ziemlich beschränkt, was er vor der Klasse mit der Wendung »man kann nicht alles wissen« zu entschuldigen sucht. Ihm folgt Ludwig Christian Zimmermann, der älteste Sohn des ersten Rektors. Auch er trinkt, was ihm den Spitznamen »das Loch« einträgt. Dafür schlägt er seine Schüler nicht; sie aber legen ihm dies als Schwäche aus und treiben allerlei Grausamkeiten mit ihm, gegen die er sich nicht zu wehren versteht. Schlimm dagegen ist der Geographielehrer Ernst Pistor, ein notorischer Schläger, der die seltsame Angewohnheit hat, »die bei seinem Vortrag von ihm gemachten Witze von den Schülern durch laute Zurufe« wie »Hui« anerkennen zu lassen. »Wer nicht mitbrüllte«, so ist es Luise Büchners Novellenfragment über ihren Bruder zu entnehmen, »wurde … wegen ungehörigen Betragens bestraft.« Aber es gibt natürlich auch beliebte und fähige Lehrer. Etwa Karl Wagner, der als »freidenkender« Mann gilt und am liebsten das »Aufrühren der poetischen Ader« seiner Schüler betreibt. Sodann Heinrich Palmer, der Religion lehrt und behauptet, »daß Jonas nicht wirklich im Bauche des Walfisches drei Tage und Nächte gesessen, sondern daß er sich wohl in einem Wirthshaus, genannt zum Walfisch, festge-kneipt habe«. Abschließend sei noch der Kanzleisekretär Johann Zimmer erwähnt, der Kalligraphie als Pflichtfach unterrichtet und ein so begei-

Justus Liebig (1803–1873) ist mit 21 Jahren Professor der Chemie in Gießen, wo er sein berühmtes Laboratorium aufbaut und im Zuge seiner umfassenden Grundlagenforschung eine Reihe neuer Stoffe entdeckt; herausragende Leistungen im Bereich der Agrikultur und Mineraldüngung, die zu einer un-geahnten Ausweitung der Ernährungsbasis führt; fördert die industrielle Gewinnung von Fleischextrakt.

sterter Napoleon-Fan ist, daß er Zeit seines Lebens nicht an den Tod des großen Feldherrn glauben kann. Diese Lehrer und viele weitere, die hier nicht erwähnt sind, verweisen also auf die Herkunft jenes zum Teil kanonischen Schulwissens, das in seinen Werken immer wieder als solches erkennbar ist.

Georg ist in seinen Leistungen kein herausragender Schüler. Zum einen liegt das an seiner starken Kurzsichtigkeit, zum anderen an seiner intelligenten Skepsis, die die Lehrinhalte vielfältig filtert und das »gehorsame Lernen« einschränkt.

Daß unter den Schülern des Darmstädter Gymnasiums ein ausgeprägtes Interesse an gesellschaftspolitischen Fragen herrscht, ist weniger ein lokales als ein epochales Phänomen. Die politische Umgestaltung der europäischen Staaten infolge der Französischen Revolution und die Orientierung am neuhumanistischen Bildungsideal geht nur an wenigen dieser Schüler-Generation spurlos vorüber. Spätestens seit der Julirevolution von 1830 entwickelt sich bei vielen Gymnasiasten ein politisches Bewußtsein, das auch die Auseinandersetzung mit dem großherzoglichen Feudalsystem nicht scheut.

Georg spürt, wie viele seiner Mitschüler, deutlich den krassen Widerspruch zwischen den im Unterricht vermittelten

klassischen Helden- und Freiheitsidealen auf der einen und dem restriktiven Feudalismus des Großherzogtums auf der anderen Seite. Obgleich die Schüler es, wie die literarische Umsetzung Luise Büchners dies nahelegt, »über die Maßen lächerlich [und] doch ein stilles Behagen« empfinden, »daß man sich vor ihnen fürchten könne ... sie seien im Stande, griechische oder römische Freiheitshelden zu spielen«, sollte die darin offenkundige Nähe zur konkreten politischen Wirklichkeit nicht unterschätzt werden. Büchners Schulaufsatz ›Der Heldentod der Vierhundert Pfortzheimer‹ von 1829/1830, in welchem er das mystifizierte historische Ereignis, eine Schlacht des Dreißigjährigen Krieges, zum Schauplatz einer kollektiven heroischen Selbstopferung macht, verquickt die pubertären Sehnsüchte mit den ethischen Lehr- und Erziehungsmaximen der Zeit. Dieser jugendliche Lernprozeß hätte problemlos verlaufen können, wenn nicht die »nach Helden- und Opfertum rufende Gegenwart« längst ein Klima bereitet hätte, das aus Traumhelden zuweilen wirkliche macht.

»Solche Männer waren es«, schreibt Georg und verwendet diese rhetorische Floskel gleich mehrmals hintereinander, »die ganze Nationen in ihrem Fluge mit sich fortrißen und aus ihrem Schlafe rüttelten, zu deren Füßen die Welt zitterte, vor welchen die Tyrannen bebten. Solche Männer, welche unter den Millionen, die gleich Würmern aus dem Schooß der Erde kriechen, ewig am Staube kleben und wie Staub vergehn und vergessen werden, sich zu erheben ... wagten, solche Männer sind es, die wie Meteore ... aus dem Dunkel des menschlichen Elends und Verderbens hervorstrahlen.« Der Text führt vor Augen, wie der ideelle Geist dieser Helden zur auch Richtschnur für Büchners Welt- und Lebensvorstellung wird. Das selbstlose Erheben über Nation und

◀ 17 ›Der Schwur der Horatier‹. Gemälde von Jacques-Louis David, 1784. Musée du Louvre, Paris. Gemälde wie dieses sollten den hohen Menscheitszielen verpflichteten Geist der Antike veranschaulichen.

Zeitalter ist ein wichtiger Kerngedanke dieser und anderer Schülerschriften, bis hin zur sublimen Unterscheidung verschiedener Ursachen für den Selbstmord, deren jeweiliger Anlaß Melancholie, Lebensüberdruß oder Patriotismus sein kann. Letzterer Fall, etwa der Selbstmord des Cato von Utica und dessen politische Relevanz, hat den Autor dieser Aufsätze, so scheint es, tief beeindruckt, obgleich der Held dieses Opfertods, das erkennt auch der Schüler, »kein eigentlicher Selbstmörder sey«.

Wie dringlich die Änderung der gesellschaftlichen Verhältnisse ist, zeigt sich darin, daß Georg Büchner kein Einzelgänger ist. Er spürt einer weltgeschichtlichen Gesamtbewegung nach, und neben ihm tun es noch viele andere. Als ›Landeskinder‹ sind die Gymnasiasten verpflichtet, an der Gießener Landesuniversität zu studieren, was zur Folge hat, daß man sich auch nach Abschluß der Schule so schnell nicht aus den Augen verliert wie heute. Zahlreiche Klassenkameraden werden später, wie Büchner selbst, wegen »Theilnahme an staatsverrätherischen Handlungen«, »revolutionären Umtrieben« und ähnlichem in gerichtliche Untersuchungen verwickelt. Es ist ein beinah fließender Übergang von unsteten romantisierenden Schülergruppen im Stile des ›Clubs der toten Dichter‹ hin zu geheimen politischen Bünden, die die staatliche Gewalt bekämpfen.

Schon die fünfzehn- bis sechzehnjährigen Primaner bilden Freundeskreise, die sich am Herrgottsberg, einem schönen Buchenwald bei Darmstadt, zur gemeinsamen Lektüre treffen und Goethe, Rückert, Matthisson oder Shakespeare lesen. Dieses Schülerleben ist schon Übung für den Ernstfall. Und wenn der Gymnasiast Georg Büchner zur Schulabschlußfeier, Ende September 1830, inmitten der deutschen Nachbeben der französischen Julirevolution, öffentlich seine Rechtferti-

30

Marcus Porcius Cato, genannt der Jüngere oder Uticensis (Cato von Utica, 95–46 v. Chr.) bekämpfte ohne Rücksichten auf sich selbst Cäsar und dessen Politik; Vertreter des altrepublikanischen Römertums auf der Basis freiheitlicher Gesinnung; nach Cäsars Sieg bei Thapsus nimmt er sich das Leben, weil er nicht unter Tyrannen leben will; sein Selbstopfer wirkt tief auf die republikanisch gesinnten Römer der folgenden Zeit.

gung des Cato von Utica vorträgt, so erhält dieser Schüler-
text durch die ihn umgebende Aktualität, in der es bereits zu
Szenen wie aus dem Bauernkrieg gekommen ist, eine ebenso
überraschende wie ungewollte Relevanz. Georg lobt vor der
versammelten Schule den Widerstandsgeist und Opfermut
eines Römers, und es besteht kein Zweifel daran, daß ihm
diese Rede aus dem Herzen spricht. Der Fall Cato ist nicht
nur die Charakteristik des römischen Republikaners, sondern zugleich ein Selbstporträt, Ab- und Wunschbild
zugleich. Und ebenso unzweifelhaft ist, daß Georgs Worte
den einen oder anderen Zuhörer, Schüler wie Lehrer oder
Eltern, an die gegenwärtige oberhessische Realität dieses
Themas denken läßt.

Als für Büchner im März 1831 die Schulzeit beendet ist, muß
er einen Sommer lang warten, bis er zum Beginn des Winter-
kurses an der Universität Straßburg, für die sein Vater ihm
eine Sondererlaubnis einholt, mit dem Studium der Medizin
beginnen kann. Die Zeit überbrückt Georg mit Sprach- und
Fachstudien, unter anderem vermutlich auch mit dem Besuch des Anatomie-Unterrichts, den sein Vater seit 1827 im
Souterrain des Stadthospitals anbietet, wo sich eine »Sekti-
onsstube« befindet und gleich nebenan »eine Kammer zur
Aufbewahrung der Leichen«. Ernst Büchner bildet hier junge

O daß ich stünd auf hohem Turme,
Weit sichtbar rings in allen deutschen Reichen,
Mit einer Stimme, Donnern zu vergleichen,
Zu rufen in den Sturm mit mehr als Sturme:

Wie lang willst du dich winden gleich dem Wurme,
Krumm unter deines Feinds Triumphrads Speichen?
Hat er die harte Haut noch nicht mit Streichen
Dir g'nug gerieben, daß dich's endlich wurme?

Die Berge, wenn sie könnten, würden rufen:
Wir selber fühlten mit fühllosem Rücken
Lang g'nug den Druck von eures Feindes Hufen.

Des Steins Geduld bricht endlich auch in Stücken,
Den Götter zum Getretensein doch schufen –
Volk mehr als Stein, wie lang darf man dich drücken?

Aus: Friedrich Rückert, Geharnischte Sonette , 1814
(Erstveröffentlichung unter dem Pseudonym Freimund Reimar)

Leute, die sich das Studium nicht leisten können, zu Wund-
ärzten aus. Es verwundert kaum, wenn dieser Unterricht für
einige Aufregung sorgt und ein mißbilligender Bericht beispielsweise beklagt, daß die Gymnasiasten auch zu den Sektionen weiblicher Leichname zugelassen seien und die
Gedärme »auf eine eckelhafte [und] unanständige Weiße« in
den Zimmern aufgehängt würden.

Heimliche Liebe und geheime Bünde

Daß Georg nicht ebenso wie seine Schulkameraden zum Studium nach Gießen geht, sondern (Anfang November 1831) nach Straßburg, hat unter anderem mit der dortigen Verwandtschaft zu tun, die in den Eltern vielleicht mehr Vertrauen geweckt hat als die Vorstellung eines gänzlich unkontrollierten Studentenlebens im Dunstkreis der Landesuniversität.

Die Verwandtschaft ist eine recht entfernte. Eine Tante von Georgs Mutter hat vor langer Zeit einen Elsässer namens Jaeckel geheiratet, dessen Neffe, der Pfarrer Johann Jakob Jaeglé, nun an die 70 Jahre alt ist und in Straßburg lebt. Für damalige Verhältnisse, in denen familiäre Bindungen, und seien sie noch so schwach, einen erheblichen Teil des ›sozialen Netzes‹ ausmachen, weckt noch die entfernteste Verwandtschaft ungleich stärker die Empfindung sozialer Geborgenheit als heute.

Jaeglé stammt aus kleinen Verhältnisse, hat sich jedoch zu einem *homme des lettres* emporgearbeitet, Gedichte und Artikel veröffentlicht und strahlt »den Geist einer undogmatischen Aufklärung« aus, die den jungen, wachen, suchenden Studenten Georg Büchner beeindruckt und beeinflußt haben wird. Pfarrer Jaeglé ist in seiner Jugend ziemlich weit herumgekommen, ist weltoffen und belesen. Georg, der durch Vermittlung eines Cousins seiner Mutter, Edouard Reuss, bei den Jaeglés ein kleines Zimmer bekommen hat, muß sich im

18 Vermutlich Johann Jacob Jaeglé (1763–1837), Zeichnung um 1790

Hause des Straßburger Pfarrers vom ersten Augenblick an sehr wohl gefühlt haben.

Der Wechsel von Darmstadt nach Straßburg ist für Georg ein Sprung aus der Enge und Gedrungenheit ins Weite und Hohe. Mit etwa 50 000 Einwohnern ist Straßburg knapp doppelt so groß wie Darmstadt und als ›kleine Großstadt‹ vergleichbar mit Frankfurt oder Leipzig.

In der Mitte der Stadt ragt eines der höchsten Gebäude der Welt beinahe unwirklich hoch in den Himmel, das 142 Meter hohe Münster. Was das kulturelle Alltagsleben der Stadt betrifft, so lernt Georg zum ersten Mal in seinem Leben so etwas wie eine ›Szene‹ kennen. Es gibt viele Kaffeehäuser und Gaststätten. Das städtische Leben und Treiben spielt sich nach französischer Art zu einem guten Teil auf der Straße ab. Theater, Lesesalons und ein reges kulturelles Vereinsleben bieten sich an, wobei das Ganze stets von politischen und nationalen ›Grenzlinien‹ durchzogen ist. Die Stadt ist elsässisch-französisch-deutsch geprägt und ein Zentrum intellektueller und politischer Aktivität. »Allein was die himmlische Musik vereinen könnte, trennt schroff und unerbittlich die Politik. Der Republikaner geht nicht in die Gesellschaft des Juste-milieu, und so umgekehrt«, berichtet ein Zeitgenosse.

19   Ansicht von Straßburg. Lithographie, um 1840

Georg Büchner taucht keineswegs Hals über Kopf in dieses vielschichtige Neben- und Miteinander ein. Eher zögerlich beschränkt er sich auf Treffpunkte, die ihm durch Jaeglé und Reuss vermittelt werden, etwa das theologische »Casino« und sein Lektüre- und Diskussionsangebot. Aber schon hier spiegelt sich wider, was Straßburg ist und Darmstadt nie war: Die Besucher des Casinos zerstreiten sich politisch, und es kommt zur Trennung zwischen Theologen und Nicht-Theologen – wobei hier Studenten gemeint sind. Die Mediziner und Juristen treffen sich im Café Saint-Étienne, die Theologen reorganisieren das Casino. Hier spielt Edouard Reuss eine entscheidende Rolle, der dem Verein 1831 ein halbes Jahr lang vorsteht. Es geht »republikanisch« zu, und da gilt es schon als ungehörig, wenn an heißen Tagen manche Mitglieder beim Billardspiel ihre Jacken ausziehen, weil das ziemlich »demokratisch« wirkt. Das Casino bleibt bis weit in die zweite Hälfte des Jahrhunderts bestehen und weist einen Bibliotheksbestand von fast 100 Zeitungen und Zeitschriften sowie weit über 2000 Bücher aus den verschiedensten Wissensgebieten auf. Daß Georg Büchner dieses Angebot ein bis zwei Stunden täglich nutzt und liest, was ihn interessiert, belegen verschiedene Briefstellen.

Wie sehr sich das kulturelle Leben in Straßburg von dem in Darmstadt unterscheidet, zeigt vor allem auch das politische Umfeld. Frankreich wird seit einem Jahr von Louis Philippe regiert, dem sogenannten Bürgerkönig, der eine freie Entfaltung der Wirtschaft befürwortet, aber gleichzeitig die Niederhaltung der republikanischen Bewegung betreibt, von demokratischen Bestrebungen ganz zu schweigen. Die Pariser Börse ist nun der Ort, »wo die Interessen wohnen, die in dieser Zeit über Krieg und Frieden entscheiden« (H. Heine). Die Revolution in Belgien und die gescheiterte polnische Erhe-

35

Nach dem Sturz Napoleons erhebt Preußen erfolglos Anspruch auf **Elsaß-Lothringen**. Im Verlauf des 19. Jh. steigert jede französische Regierung ihre Einflußnahme auf die poltische, wirtschaftliche und soziale Eingliederung und Angleichung der Region.

Louis Philippe, der Bürgerkönig (1773–1850), unterstützt während seiner Regierungszeit von 1830 bis 1848 das Großbürgertum zwar in liberalen Formen, aber in zunehmend reaktionärem Geist, der ihn schließlich in die Nähe des Metternich-Systems bringt.

20 Eugène Delacroix, ›Die Freiheit führt das Volk an (28. Juli 1830)‹, 1830. Paris, Musée du Louvre

bung sind ebenso Gesprächsstoff wie der Streit um die neuen französischen Zustände, die keineswegs jedem Bürger Nutzen bringen.

Was die soziale Lage der breiten Bevölkerung betrifft, so unterscheidet sich die kleine Großstadt schon weniger von der spätfeudalen oberhessischen Residenz. Die Lebensmittel sind teurer als in Darmstadt. Im September 1831 erlebt Straßburg den sogenannten Rinderaufstand, bei dem die örtlichen Zollhäuser zerstört werden. Am 20. November kommt es zur Erhebung der Lyoner Seidenweber. Ein Arbeiter, der bis zu

36

Julirevolution 1830 = bürgerliche Revolution, die die Herrschaft der 1814 von den siegreichen Verbündeten in Frankreich gewaltsam wiedereingesetzten Bourbonendynastie beendete; führte zur Errichtung einer bürgerlich-konstitutionellen Monarchie (bis 1848) und leitete das Ende der Restaurationszeit in Europa ein

Nach dem Wiener Kongreß wurde Polen von Rußland, Österreich und Preußen fremdbeherrscht, wogegen sich die **Polen 1830/31** erhoben. Das russische »Königreich Polen« verlor daraufhin seine Verfassung und autonome Verwaltung, zahlreiche Aufständische sahen sich gezwungen, ins Exil zu gehen.

18 Stunden täglich arbeitet, verdient etwa 450 Francs im Jahr, wobei das Existenzminimum eines ledigen Arbeiters in Lyon offiziell bei etwa 550–730 Francs liegt. Eine vierköpfige Familie benötigt 1500 Francs jährlich; ein Professor an der Straßburger Académie hat ein Jahreseinkommen von fast 5000 Francs, und sogar politische Flüchtlinge erhalten zuweilen weit mehr staatliche Geldhilfe zum Lebensunterhalt, als die Seidenweber verdienen. Als die Lyoner Unternehmer sich weigern, den Webern einen Mindestlohn zu garantieren, gehen 30000 Arbeiter auf die Straße, demolieren die Häuser und Läden ihrer Arbeitgeber und vertreiben nach blutigen Kämpfen die gegen sie eingesetzten Soldaten aus der Stadt. All das geht nicht spurlos an Straßburg und seinen Cafés und Lesesälen und schließlich auch nicht an dem jungen Medizinstudenten Georg Büchner vorüber, dessen ausgeprägter Gerechtigkeitssinn, verbunden mit kluger, wacher Weltoffenheit, vielleicht schon hier ›erkennt‹, daß »das Leben der Vornehmen … ein langer Sonntag« ist, »das Volk aber … vor ihnen wie Dünger auf dem Acker« liegt, wie er später in seiner Flugschrift ›Der hessische Landbote‹ schreibt.

Kaum hat sich in Lyon die Lage beruhigt, als am 2. Dezember die elsässischen Zeitungen die Ankunft der drei polnischen Generäle Ramorino, Langermann und Sznayde in Straßburg ankündigen. Ihre Begrüßung durch die Bevölkerung wird zu einer Mischung aus politischer Demonstration und Volksfest. Auch Büchner nimmt teil. In einem Brief an die Familie in Darmstadt macht er deutlich, welches Gewicht er dem Begriff Freiheit des Volkes, in diesem Fall des polnischen, zuzuordnet. Ein Jahr zuvor hat eine Handvoll polnischer Patrioten die Warschauer Residenz des russischen Militärgouverneurs überfallen und die Bildung einer provisorischen Regierung ermöglicht. Zehn Monate später werden die Auf-

Es sieht verzweifelt kriegerisch aus; kommt es zum Kriege, dann giebt es in Teutschland vornehmlich eine babylonische Verwirrung, und der Himmel weiß, was das Ende vom Liede seyn wird. Es kann *Alles* gewonnen und *Alles* verloren werden; wenn aber die Russen über die Oder gehn, dann nehme ich den Schießprügel, und sollte ich's in Frankreich thun. Gott mag den allerdurchlauchtigsten und gesalbten Schafsköpfen gnädig seyn …
Georg Büchner an die Familie in Darmstadt, Straßburg, Dezember 1831

ständischen von der Solidarität der antirevolutionären Heiligen Allianz in die Knie gezwungen. Das Gros der geschlagenen Patrioten schlägt das Amnestieangebot des Zaren aus, wählt die Emigration und flieht über Preußen und Österreich nach Frankreich, wo die insgesamt etwa 4000 polnischen Freiheitskämpfer und Flüchtlinge von der Bevölkerung begeistert empfangen und aufgenommen werden. Überall ist man bemüht, gutzumachen, was die Pariser Regierung durch ihre Tatenlosigkeit versäumt hat. Die privaten Spenden der Franzosen belaufen sich nach Schätzungen auf fast 1 Million Francs!

Georgs Brief ist ein detaillierter Bericht über die Ankunft der Generäle in Straßburg und zugleich ein bemerkenswertes Zeugnis seiner mit ironischer Distanz einhergehenden Begeisterung. Nachdem er sich selbst als Zeugen des Geschehens durch die wiederholte Verwendung von »wir« in die Reihen seiner studentischen Mitstreiter einordnet und solcherart eher zurücknimmt, rückt er die Demonstration, die zunehmend zum Spektakel wird, am Schluß überraschend ins Theaterhafte, Unernste: »Darauf erscheint Ramorino auf dem Balkon, dankt, man ruft Vivat! – und die Komödie ist fertig.« Der knapp achtzehnjährige Student scheint bereits hier zu ahnen, daß Politik und Geschichte oft nichts sind als eine tra-

Als sich das Gerücht verbreitete, daß *Ramorino* durch Straßburg reisen würde, eröffneten die Studenten sogleich eine Subscription und beschlossen, ihm mit einer schwarzen Fahne entgegenzuziehen. Endlich traf die Nachricht hier ein, daß Ramorino den Nachmittag mit den Generälen Schneider und Langermann ankommen würde. Wir versammelten uns sogleich in der Academie; als wir aber durch das Thor ziehen wollten, ließ der Officier, der von der Regierung Befehl erhalten hatte, uns mit der Fahne nicht passiren zu lassen, die Wache unter das Gewehr treten, um uns den Durchgang zu wehren. Doch wir brachen mit Gewalt durch und stellten uns drei- bis vierhundert Mann stark an der großen Rheinbrücke auf … Endlich erschien Ramorino, begleitet von einer Menge Reiter. … Die Nationalgarden umgeben den Wagen und ziehen ihn … begleitet von einer ungeheuren Volksmenge unter Absingung der Marseillaise und der Carmagnole … Die Stadt selbst illuminirt, an den Fenstern schwenken die Damen ihre Tücher, und Ramorino wird im Triumph bis zum Gasthof gezogen, wo ihm unser Fahnenträger die Fahne mit dem Wunsch überreicht, daß diese Trauerfahne sich bald in Polens Freiheitsfahne verwandeln möge. Darauf erscheint Ramorino auf dem Balkon, dankt, man ruft Vivat! – und die Komödie ist fertig.
Georg Büchner an die Familie in Darmstadt, Straßburg, 4./5. Dezember 1831

gisch-komische Mischung aus Stra-
tegie, Pathos und menschlicher Schwäche. Dessen ungeachtet ist Büchners politische Empörung
voller Leidenschaft, etwa wenn er kurz darauf
nach Darmstadt schreibt, er werde, »wenn … die
Russen über die Oder gehn … den Schießprügel
[nehmen], und sollte ich's in Frankreich thun«.

Die politische Lage bleibt angespannt. Im Juni
1832 kommt es in Paris zur Erhebung gegen die
Julimonarchie und Louis Philippe. In Straß-
burg tritt auf dem großen Paradeplatz
Militär in Erscheinung, um einen ähnlichen
Auftritt der von der Politik des Bürgerkö-
nigs enttäuschten Republikaner im Keim zu
ersticken. Aber »niemand dachte an die
Emeute [Erhebung]«, erinnert sich ein
Zeitzeuge, »und erst dieses herausfordernde
Aufstellen der Truppen brachte Haufen von
Neugierigen zusammen«.

21 Flügeltelegraph
von Claude Chappe

Die Nachricht von den Pariser Unruhen ist schneller nach
Straßburg gelangt als jeder Bote zu Pferd – mit dem mechanischen Vorläufer der elektrischen Telegraphie: dem Flügeltelegraphen, einem System von Masten im Abstand von acht
bis zehn Kilometern, an deren Spitzen sich bewegliche Flügel
befinden, die zur Zeichengebung dienen. Um ein Zeichen
über die Distanz von Paris nach Straßburg zu übermitteln,
benötigt man bei klarer Sicht über 44 Stationen nicht länger
als fünf Minuten.

Die Straßburger »Académie« ist ein weitläufiges Gebäude im
Osten der Stadt. Die Zahl der Studenten beträgt in den 30er
Jahren etwas mehr als 500, von denen etwa ein Viertel Medi-

22 Anleitung zum Gebrauch des
Flügeltelegraphen von Claude
Chappe. Ende des 18. Jh.

zin studieren. Der Unterricht erfolgt auf Französisch, was Georg keine Probleme bereitet. Es gibt ein »Anatomisches Museum« mit über 3000 Präparaten. Der Studienplan ist nicht verschult; jeder hört das, wozu er Lust hat und was ihn in seinem Studium vorwärtsbringt. Die medizinische Ausbildung findet zum Teil in der Akademie, zum Teil im ›Bürgerhospital‹ statt, Polyklinik und Armenhaus in einem, in welchem rund 1200 Personen versorgt werden, unter anderem auch psychiatrische Patienten. Sie werden mit kalten Duschen, Blutentziehung und Brechweinstein behandelt, auch Nahrungsentzug und Isolierung sind erlaubt, wobei erwähnt werden muß, daß das Personal strikt angewiesen ist, die Kranken nicht zu quälen oder ihnen »grobe Worte« zu sagen.

Georgs akademische Lehrer sind Physiologen, Pathologen, Zoologen, Gerichtsmediziner und Anatomen – unter ihnen auch Johann Friedrich Lobstein, der eines der ersten Lehrbücher der pathologischen Anatomie verfaßt hat. Seine wissenschaftliche Begeisterung geht so weit, daß er testamentarisch verfügt, nach seinem Tod vollständig seziert zu werden. Sein Wunsch wurde erfüllt, und noch um die Jahrhundertwende befanden sich einige seiner Organe in Weingeist konserviert in dem von ihm selbst gegründeten Anatomischen Museum.

Um frei gewordene bzw. neue Stellen zu besetzen, veranstaltet die Akademie sogenannte *concours*, öffentliche Wettbewerbe. Aus dem Kreis der Gewinner werden sämtliche universitären Posten und Positionen besetzt, vom Laborgehilfen bis zum Professor. Es herrscht ein beständiger Konkurrenzkampf unter den Studenten, um die begehrten Hilfskraftstellen zu ergattern. Aus einem Brief eines Freundes an Georg vom September 1832 erfährt man, daß es mit den Leistungen mancher Bewerber nicht immer zum Besten steht.

40

23 Studenten. Feder und Aquarell
von J. F. Dielmann, 1839

Da wird schon mal eine Wunde nach dem Aderlaß »cauteri-sirt« (geätzt) statt tamponiert und der Trizeps im Oberarm eigenwillig zu den Muskeln des Unterarms gezählt.

Der Arbeitstag des Medizinstudenten kann, wenn er am Abend noch einige Zeit »im Leichendunst« der Anatomie ver-bringt, bis zu zwölf Stunden dauern. Georg unterbricht den Tag mit einer Mittagspause, die er aber nicht in einem Gast-haus verbringt, sondern bei Jaeglés, wo die Tochter des ent-fernten Verwandten den Haushalt führt und eine so gute »Kost« bereitet, daß keine auswärtige Küche den jungen Mann locken kann. Indessen ist es nicht nur die Kochkunst Wilhemi-nes, die Georg so tief beeindruckt. Als er im Frühjahr 1832 wegen einer »Unpäßlichkeit« für etwa zwei Wochen das Bett hüten muß, ist es die hübsche und aufgeweckte Minna, wie er sie nennt, die ihn wieder gesundpflegt – mit der Folge, daß sich die beiden heimlich verloben. Weder Pfarrer Jaeglé noch die Familie daheim in Darmstadt werden eingeweiht. Erst 1834 hebt Georg das von ihm selbst verhängte Schweigegebot auf Drängen Minnas hin auf. Die 21jährige Pfarrerstochter hätte vielleicht längst geheiratet und ihr Elternhaus verlassen, wenn nicht drei Jahre zuvor die Mutter gestorben wäre. Johann Jaeglé, auf Wilhelmine angewiesen, ist jetzt 68 Jahre alt und seiner Tochter sicherlich dankbar, daß sie den Haushalt führt und den Vater versorgt.

Wilhelmine ist, wie viele Kinder aus protestantischen Pfarrhäusern, gebildet, sie liest und liebt die Geschichten E. T. A. Hoffmanns und spricht und schreibt Deutsch und Französisch gleichermaßen gut, was auch in Straßburg kei-neswegs selbstverständlich ist. Für den drei Jahre jüngeren Georg ist sie womöglich mit Blick auf ihre geistige ebenso wie körperliche Reife ein doppelter Reiz, eine erste Heraus-forderung. Als er in Straßburg eintrifft, kennt er niemanden

41

E. T. A. (Ernst Theodor Amadeus) Hoffmann (1776–1822), Jurist und liberaler Kammergerichtsrat, der im Berufsalltag mit Rückgrat und Augenmaß gegen »hochverräteri-sche Verbindungen« ermittelt und in seiner Freizeit komponiert und romantisch-phantastische Romane schreibt (›Lebensansichten des Katers Murr‹, ›Die Serapions-Brüder‹, ›Klein-Zaches‹ u. v. m.), in denen er viele moderne erzähl-perspektivische Experimente vorwegnimmt.

außer Edouard Reuss. Im Hause Jaeglé verliebt er sich in die schöne, die Zügel des Haushalts fest in den Händen haltende junge Frau. Umgekehrt ist es wahrscheinlich, daß auch Minna von Büchner schnell angetan ist. Er bringt Abwechslung in ihren mit Pflichten angefüllten Alltag, ist angehender Arzt und ein unterhaltsamer, keineswegs finsterer junger Mann. Georg spricht ihr »innere Glückseligkeit« und »göttliche Unbefangenheit« zu, findet »böse Eigenschaften« in dem »bösen Mädchen« und entdeckt durch sie (vielleicht zum ersten Mal) »die gliederlösende, böse Liebe!«

Aus Georgs Straßburger Freundeskreis sind vor allem Eugène Boeckel und die Brüder August und Adolph Stoeber zu nennen. In Eugène Boeckel überschneiden sich mit Blick auf die Akademie deutsches Theologenmilieu und französische Medizinersphäre. Nach einigen Semestern Theologie wechselt Boeckel im Winter 1831/1832 ins Lager der Mediziner, wobei seine Immatrikulation am selben Tag erfolgt wie die Georgs. Boeckel wird Georgs intimster Straßburger Freund.

Vermutlich hat Georg durch die Vermittlung Eugène Boeckels die Brüder August und Adolph Stoeber kennengelernt. Ihr Vater, Ehrenfried Stoeber, ist Literat und hat an die 100 Veröffentlichungen hinterlassen. Er verkehrte mit Ludwig Tieck und J. G. Jacobi. Als 1830 und später zahlreiche literarische Zensurflüchtlinge nach Straßburg kommen, öffnet er vielen von ihnen sein Haus und

42

24 Minna (Wilhelmine) Jaeglé, Georg Büchners Braut. Zeichnung

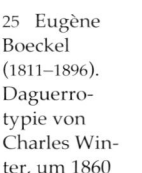

25 Eugène Boeckel (1811–1896). Daguerrotypie von Charles Winter, um 1860

26 August Stoeber (1808–1844)   27 Adolph Stoeber (1810–1892)

steht während der Restauration als oppositioneller *homme dangereux* unter polizeilicher Beobachtung. Als Anhänger der ersten Stunde Louis Philippes wandelt er sich später zu dessen leidenschaftlich-polemischem Kritiker, wobei er insbesondere auf die Einschnitte in die Pressefreiheit abzielt.

Mit den Söhnen August und Adolph durchstreift Georg »zum Erstenmal das Gebirg«. Politisch gesehen, ist auch diese Freundschaft nicht stabil; die Brüder Stoeber sind wie ihr Vater zunächst begeisterte Anhänger der Julirevolution und zeigen sich späterhin gemäßigt. Weder Eugène Boeckel noch die beiden Stoebers üben während der ersten Straßburger Zeit auf Georgs sich formende politische Ansichten einen tiefgreifenden Einfluß aus.

Als Edouard Reuss Anfang November 1831, vier Wochen nach Georgs Ankunft in Straßburg, beim 134. Treffen der kleinen studentischen Gesellschaft ›Eugenia‹ als Gast teilnimmt, ist es womöglich seine Absicht, den frisch gebacke-

Ludwig Tieck (1773–1853), romantischer Erzähler und Dramaturg am Dresdener Hoftheater mit Neigung zur Melancholie.

Johann Georg Jacobi (1740–1814), ›empfindsamer‹ Lyriker und Übersetzer, Professor der ›Philosophie der Beredsamkeit‹ in Halle, später Professor der ›schönen Wissenschaften‹ in Freiburg; Herausgeber der ausschließlich für Frauen gedachten Zeitschrift ›Iris‹.

nen Medizinstudenten aus Darmstadt für eine der folgenden Zusammenkünfte zu avisieren.

Die ›Eugenia‹ ist drei Jahre zuvor unter anderem von den Brüdern Stoeber gegründet worden, um mit »fröhliche[m] Beisammenseyn, trauliche[m] lehrreiche[m] Gespräch, Gesang und holde[m] Biergenuß« die Bürde des Studierens durch die Würde des Parlierens zu erleichtern.

Ordentliches Mitglied können nur Theologen werden. Eugène Boeckel ist hier infolge seines Wechsels zur Medizin ein gleichsam abtrünniger ›Bruder‹ geworden, dem es während Georgs erster Anwesenheit als Gast offenbar gefällt, vor den arglosen Kommilitonen mit seinen ersten Erfahrungen mit »faulem und halbfaulem Menschenfleische« am Seziertisch zu kokettieren.

Neben Gesang und Bier kommt auch das Gespräch über die Tagespolitik zu seinem Recht. So etwa, wenn das Protokoll anmerkt, daß die Diskussion »größtentheils den Kampf der Freiheit in Deutschland« behandele und man freudig wahrnehme, »wie der bedachtsame, phlegmatische Teutone, den alten Herrmann in den Adern spürt, u. im Stillen seine Fesseln sprengt, u. zur Wiedergeburt seines Volkes emporreißt«.

Büchner bewährt sich als Teilnehmer in solchen Disputen. Viele Eugenianer lernen ihn schätzen, und noch während des Pfingstausflugs wird Georg zum *hospes perpetuus* ernannt, zum Dauergast, was in Anbetracht der Theologenklausel einer (fast) regelrechten Aufnahme in die Gemeinschaft gleichkommt.

In den Auseinandersetzungen spiegelt sich das breite Spektrum der aktuellen politischen Auffassungen innerhalb der

Minigerode, Dörr, Kaup, Frisch u. Schnitspan, welcher Doctor geworden ist, lassen Dich vielmals grüßen … Jedoch ich muß schließen, weil ich keine Zeit mehr habe u. auch nichts mehr wichtiges weiß. Doch habe ich Dir noch zu sagen, daß Du, wenn Du mir schreibst, Dich nicht des Namens Schnitspan bedienest (bei dem Verspruch) denn sie sind hier darauf versessen, es zu wissen, aber ich darf es nicht sagen, weil es ein Geheimniß ist, sondern schreibe statt des Namens: NN.
    In dem ich auf einen Brief von Dir an *mich* warte,
                    verbleibe ich
                    Dein Dich herzlich liebender Bruder
                    Wilhelm Büchner
Darmstadt den 13ten Nov 1831

französischen Gesellschaft wider. Die Breite dieses Spektrums wiederholt sich zugleich in Verlauf und Struktur der Aktionen, Proteste und Erhebungen der Bevölkerung gegen die Pariser Politik und entspricht ebenso dem ideologischen Gepräge der mehr oder weniger geheimen politischen Bünde, die infolge des Widerstands der Bevölkerung gegen die herrschende Regierung entstehen und von den französischen ebenso wie den deutschen Behörden mißtrauisch bis aggressiv beobachtet werden.

Die beiden wichtigsten Gruppierungen innerhalb der republikanischen Bewegung in Frankreich (und Deutschland) sind die ›Gesellschaft der Volksfreunde‹ und die ›Gesellschaft der Menschen- und Bürgerrechte‹. Während die ›Volksfreunde‹ auf weitgehend politische Forderungen zielen, wie das allgemeine Wahlrecht, die Trennung von Staat und Kirche und die Errichtung einer demokratischen Republik, sind die Forderungen der ›Gesellschaft der Menschen- und Bürgerrechte‹ weitaus radikaler und schließen auch tiefgreifende ökonomische Veränderungen innerhalb der gesellschaftlichen Besitzverhältnisse im Sinne des Neobabouvismus nicht aus. Beide Vereinigungen verhalten sich konspirativ, sind in sich ideologisch aber keineswegs homogen. Als der Druck der Regierung zu groß wird, formt sich die weiter ›links‹ stehende ›Gesellschaft der Menschen- und Bürgerrechte‹ zu einer straff organisierten Geheimgesellschaft mit örtlich agierenden ›Sektionen‹ um, die auf einer höheren Ebene sogenannte Serien bilden und von einem geheimen elfköpfigen Zentralkomitee befehligt werden. Darf man einem Darmstädter Mitverschworenen Glauben schenken, so war auch Georg in Straßburg Mitglied einer solchen Sektion.

Wenn dies zutrifft, so wird Georg bei den zum Teil heftigen Konflikten zwischen gemäßigten und radikalen Republi-

45

Neobabouvismus
Der in den 30er Jahren des 19. Jh. wiederentdeckte und modifizierte »Gleichheitskommunismus« des François Noël Babeuf (1760–1797).

kanern mit all seinen rhetorischen Mitteln mitgestritten haben. Wie rational und nüchtern, realitätsnah und ironisch der knapp Zwanzigjährige in dieser politisch komplizierten Situation zu sein vermag, zeigt ein Brief an die Familie, in welchem Georg ein Zusammentreffen mit einem saint-simonistischen »Apostel« auf dem Straßburger Münster beschreibt:

»Besagter hatte ein rothes Barett auf dem Kopf, um den Hals einen Cashmir-Shawl, um den Cadaver einen kurzen deutschen Rock, auf der Weste war der Name ›Rousseau‹ gestickt, an den Beinen enge Hosen mit Stegen, in der Hand ein modisches Stöckchen. Ihr seht, die Carricatur ist aus mehreren Jahrhunderten und Welttheilen zusammengesetzt: Asien um den Hals, Deutschland um den Leib, Frankreich an den Beinen, 1400 auf dem Kopf und 1833 in der Hand. Er ist ein Kosmopolit – nein, er ist mehr, er ist St. Simonist! … Er bleibt jetzt in Straßburg, steckt die Hände in die Taschen und predigt dem Volke die Arbeit, wird für seine Capacität gut bezahlt … Er ist übrigens beneidenswerth, führt das bequemste Leben unter der Sonne, und ich möchte aus purer Faulheit St. Simonist werden, denn man müßte mir meine Capacität gehörig honoriren.«

28 Saint-Simonisten. Etikett für einen französischen Likör, um 1830

Frankreich hat zu Büchners Zeit die mit Abstand liberalste Asylpraxis. Das Gros der politischen Exulanten aus Deutschland, Polen, Italien und Spanien hält sich in Paris und Straßburg auf. In ganz Frankreich, so die Schätzungen, sind es weit über 10 000 politisch Verbannte, für die die französische Regierung zwischen 1832 und 1837 stattliche 20 Millionen Francs in Form von Hilfsgeldern bereitstellt. Ein lediger polnischer Offizier etwa erhält für sein Emigrantendasein doppelt soviel Geld, wie ein Lyoner Seidenweber mit Frau und Kindern für seinen nicht selten achtzehnstündigen Arbeitstag. Obgleich Frankreich hierbei eine strenge Reglementierung praktiziert, geht es nie so weit, einen in seiner Heimat politisch Verfolgten dorthin abzuschieben. Von Juni 1832 an gilt der Status der deutschen Verbannten in Straßburg als illegal. Indes gibt es einen aus führenden Oppositionellen zusammengesetzten Ausschuß, der sich unter den Augen der Regierung dort Flüchtlingshilfe betreibt, wo die Behörden nicht helfen können oder wollen.

Die deutschen Emigranten kommen in mehreren Wellen nach Straßburg. Zu den Anlässen gehört unter anderem die unblutige Göttinger Revolution vom Januar 1831, in deren Folge eine größere Anzahl relegierter und politisch verfolgter Studenten samt der Anführer der Erhebung es vorziehen, das Land zu verlassen. Etwa ein Jahr später kommt es bei Neustadt an der Weinstraße zum sogenannten Hambacher Fest, bei dem 30000 Menschen gegen die Restauration protestieren und die Abschaffung der hinderlichen Binnenzölle sowie die Einführung von Schutzzöllen gegen das Ausland fordern. Die Aktion ist aufgrund des geltenden Versammlungsverbots als ›Volksfest‹ getarnt und wird in Zusammenarbeit mit französischen Republikanern durchgeführt. Deutsche und französische gemäßigte Republikaner

47

Saint-Simonisten
Anhänger der von Claude Henri de Saint-Simon (1760–1825) entwickelten pantheistisch-sozialharmonistischen Lehre eines »Neuen Christentums«, in der u.a. die Abschaffung des Eigentums und des Erbrechts gefordert wurde.

29 Hambacher Fest. Zeitgenössische kolorierte Lithographie

fordern bürgerliche Freiheiten und nationale Einheit, wobei
das Kalkül des gemeinsamen politischen Handelns so weit
geht, daß über lange Zeit die Auffassung herrscht, eine bürgerliche Revolution könne nur dann gelingen, wenn sie in
Deutschland und Frankreich gleichzeitig stattfinde. Politische
Einigkeit herrscht indessen nicht – insbesondere nicht darüber, in welcher Form die politischen Forderungen realisiert
werden sollen: evolutionär oder revolutionär. Die Chance
eines realen politischen Eingreifens von der Plattform des
Hambacher Fests aus wird nicht ergriffen. Statt dessen zieht
der Vorfall die »Maaßregeln zur Aufrechterhaltung der gesetzlichen Ordnung und Ruhe in Deutschland« nach sich mit
denen in der Folge die Pressefreiheit aufgehoben und das

☞ Kurt Baumann (Hg.): Das Hambacher Fest. 27. Mai 1832. Männer und
Ideen. Speyer 1957

☞ Burghard Dedner (Hg.): Das Wart-
burgfest und die oppositionelle
Bewegung in Hessen. Marburg 1994

Verbot von politischen Vereinigungen und Versammlungen jedweder Art legitimiert. Die Beschlüsse brechen offen die landständische Verfassung. Eine entsprechende Reaktion der Opposition bleibt nicht aus. »Jedes Mittel, selbst Mord«, sei nun »zur Herstellung der Volksfreiheit erlaubt«. Im Oktober 1832 wird mit dem Sturm auf die Frankfurter Haupt- und Konstablerwache die Besetzung des Bundestags im Palais Thurn und Taxis vorbereitet. Aber logistische Schwierigkeiten und Informationsprobleme, Verrat und eine falsche Einschätzung der realen politischen Kräfteverhältnisse lassen den Frankfurter Wachensturm scheitern und zerschlagen jede Hoffnung auf eine nachfolgende Revolution.

Der Beobachter Georg Büchner nimmt auch hier eine bemerkenswert klare und realistische Einschätzung vor. So befürwortet er prinzipiell die Notwendigkeit von Gewalt, indem er sie dem »ewigen Gewaltzustand« in der gegenwärtigen Gesellschaft gegenüberstellt. »Was nennt ihr denn den gesetzlichen Zustand? Ein Gesetz, das die große Masse der Staatsbürger zum fronenden Vieh macht … Und dies Gesetz ist eine ewige, rohe Gewalt … und ich werde mit *Mund* und *Hand* dagegen kämpfen, wo ich kann. Wenn ich an dem, was geschehen, keinen Teil genommen … so … weder aus Mißbilligung, noch aus Furcht, sondern nur, weil ich im gegen-

30 Frankfurter Wachensturm. Holzschnitt von Georgin aus Epinal, um 1833

wärtigen Zeitpunkt jede revolutionäre Bewegung als eine
vergebliche Unternehmung betrachte und nicht die Verblen-
dung derer teile, welche in den Deutschen ein zum Kampf
für sein Recht bereites Volk sehen. Diese tolle Meinung führte die Frankfurter Vorfälle herbei, und der Irrtum büßte sich
schwer.«

Daß sich unter diesen Bedingungen auch eine verhältnismäßig harmlose studentische Gesellschaft wie die ›Eugenia‹
davor hüten muß, bespitzelt zu werden, mutet beinah lächerlich an, ist aber realistisch, wenn man bedenkt, daß die Met-
ternich-Behörden keineswegs davor zurückschrecken, ihre
Agenten auch nach Frankreich zu senden, um ein möglichst
authentisches Bild von den Aktivitäten ihrer Gegner zu gewinnen. So erklärt sich beispielsweise ein ehemaliger Gym-
nasiallehrer namens Binder bereit, unter dem Decknamen
Narding und mit einem falschen Paß, der auf Dr. Beulitz ausgestellt ist, in Straßburger studentischen politischen Kreisen
zu spionieren. Von Narding liegt ein mehrseitiger ausführli-
cher Bericht über seine gezielte Spitzeltätigkeit vor, durch
den Metternich an die Namen und zum Teil auch Absichten
einiger Straßburger Oppositioneller geraten ist.

Anfang 1832 kommt es in Deutschland und Frankreich zur
Gründung des ›Preß- und Vaterlandsvereins‹, der auch in
Straßburg eine ›Sektion‹ ins Leben gerufen habe, berichtet
Agent Beulitz alias Narding alias Binder an die Metternich-
Behörden. Die tragenden oppositionellen Pressestimmen zu
dieser Zeit sind für den deutschen ebenso wie den französischen Raum ›Das konstitutionelle Deutschland‹ und Ehrenfried Stoebers ›Gradaus!‹ sowie die beiden zweisprachigen
Blätter ›Der Ellsässer‹ und der ›Niederrheinische Kurier‹. Für
die deutschen Emigranten haben diese Zeitungen eine wichtige informative Funktion und sind in vielen Fällen »die ein-

50

31 Eintrag Georg
Büchners in das
Protokollbuch der
»Eugenia« in die
Lister der »immer-
während enden hospi-
tes«, 1828–1832

zige Quelle von Nachrichten aus der Heimath«, wie der politische Flüchtling Ernst Dieffenbach an seine Eltern schreibt.

Obgleich in den Reihen der ›Eugenia‹ politisch kaum gehandelt, aber viel diskutiert wird, findet das Hambacher Fest in den Protokollen keine Erwähnung. Innerhalb der Gespräche stellt Dauergast Büchner im Juni 1832 eine bemerkenswerte These zum »sittlichen Bewußtsein« dreier historischer Persönlichkeiten auf. Was den tschechischen Reformator Jan Hus, den katholischen Fanatiker und Mörder Heinrichs IV., François Raveillac, sowie den burschenschaftlichen Kotzebue-Mörder Karl Ludwig Sand »in eine Reihe« stelle, argumentiert Büchner, sei ihr »religiöser Fanatismus«, der ihnen als revolutionärer Antrieb diene. Und wenig später berichtet das Protokoll: »Freund Bügner [der] … feurige [und] … streng republicanisch gesinnte deutsche Patriot, schleudert einmal wieder, alle mögliche Blitze u Donnerkeule, gegen alles was sich Fürst u König nennt; u selbst die constitutionelle Verfassung unseres Vaterlands bleibt v[on] ihm nicht unangetastet … man balgte sich noch einige Zeit herum, u sieht sich erdlich genöthigt dem politischen Wortwechsel ein Ende zu machen, weil Freund Daniel anfängt zu – schlafen.«

Noch im Sommer 1832 löst sich die ›Eugenia‹ auf. Ihre Mitglieder verlassen Straßburg und beginnen mit ihren verschiedenen beruflichen Tätigkeiten. Georg verbringt drei Monate Sommerferien bei der Familie in Darmstadt.

Soweit es den Aufenthalt bei der Familie in Darmstadt betrifft, dürfen wir davon ausgehen, daß Georg sich in Darmstadt wohl fühlt. Anders ist es, wenn er durch die Straßen und Gassen der »Bedienten-Colonie« schlendert, wie sein Bruder Ludwig die Residenz nennt. »Ich kann einmal diese Luft nicht vertragen«, schreibt Georg an Edouard

51

Jan Hus (1370–1415), tschechischer Kirchenreformer, wurde 1411 exkommuniziert und schließlich 1415 als Ketzer verbrannt

Karl Ludwig Sand (1795–1820), schwärmerischer Burschenschafter, erdolcht 1819 August von Kotzebue; seine Tat gibt den Anlaß zu den Karlsbader Beschlüssen sowie den Demagogenverfolgungen.

32 Darmstadt, Rathaus und Marktplatz. Zeitgenössischer Stahlstich

Reuss, »sie ist mir noch eben so zuwider, als zur Zeit da ich fortging.« Die biedermeierliche Enge, die ritualisierte Förmlichkeit und großherzoglichen Standesdünkel dieser bewegungs- und fortschrittslosen Gesellschaft nimmt Büchner nach seinen Straßburger Erfahrungen um so sensibler wahr.

Neben der Lektüre medizinischer Fachliteratur, die einen Großteil seiner Ferienzeit in Anspruch nimmt, kommt es gelegentlich zur Vermittlung zwischen Straßburger und Darmstädter Nachwuchspoeten. Einige Schulkameraden Büchners, darunter die Brüder Friedrich und Georg Zimmermann, haben den Plan gefaßt, einen ›Musenalmanach‹ erscheinen zu lassen, der ein »rühmliches Zeugnis« darüber ablegen soll, »wie die deutsche Nation durch ihre poetischen Repräsentanten vermittelst gemeinsamer Sprachengabe eine höhere

52

Adalbert von Chamisso (1781–1838), romantischer Erzähler, Lyriker und Naturforscher französischer Herkunft; nimmt 1815 bis 1818 an einer russischen Weltumsegelung teil und wird zum Mitglied der Berliner Akademie der Wissenschaften ernannt.
Erzählung: ›Peter Schlehmil‹, 1814

Karl Immermann (1796–1840), Erzähler, Dramatiker, Lyriker, Essayist und Kritiker; gründet und leitet mit großem dramaturgischem Erfolg das Düsseldorfer Stadttheater.
Romane: ›Die Epigonen‹, 1836; ›Münchhausen‹, 1838/39

Einheit darstellt« – so jedenfalls wird das Projekt in der Verlagsankündigung vorgestellt.

Als Beiträger wird eine beachtliche Reihe schon damals bekannter Namen genannt, darunter Chamisso, Immermann, Kerner, Lenau, August Wilhelm Schlegel, Tieck und Uhland, von denen aber die meisten später abspringen. Immerhin entsteht eine 360 Seiten starke, mit 30 zumeist unbekannten Autoren bestückte Sammlung »aller Dichtungsarten«, wie die Kritik spottet, »auch die langweiligste ist nicht vergessen. Es ist eine entsetzliche Vollständigkeit.«

Das ausdrückliche Ziel der Herausgeber, nämlich mit Hilfe »gemeinsamer Sprachengabe eine höhere (nationale) Einheit« darzustellen, ist ein Gedanke, den zu Büchners Zeit viele Intellektuelle diskutieren. Es ist gleichsam der Versuch, auf geistig-kultureller Ebene das zu gewinnen, was auf politischer (im Vergleich zu den anderen europäischen Nationen) nicht gelingen will. Es ist dasselbe Kalkül, das die Brüder Grimm motiviert, sich auf die Suche nach einem deutschen Sagen- und Märchenschatz zu machen, von dem sie hoffen, er werde »allen, schon als lautere deutsche Kost, willkommen sein, im festen Glauben, daß nichts mehr auferbaue und größere Freude bei sich habe als das Vaterländische«.

Als der Almanach Ende 1832 erscheint, befindet sich Georg Büchner bereits seit vier Wochen wieder in Straßburg, um sein Studium fortzusetzen.

Der mißglückte Revolutionsversuch von Frankfurt löst eine weit um sich greifende Verfolgungs- und Verhaftungswelle aus. In Darmstadt etwa werden drei Beteiligte aufgegriffen, darunter ein Göttinger Student namens August Ludwig Rochau, der sich nach seiner Verhaftung eine Kugel in den Kopf schießt. Er überlebt die Schußverletzung und versucht daraufhin, sich die Pulsadern aufzuschneiden. Luise Büchner verar-

Justinus Kerner (1786–1862), romantischer Lyriker, Erzähler, Parapsychologe, Arzt, Philanthrop; unterhält ab 1822 ein offenes Haus, in dem er unter anderem psychisch Kranke aufnimmt.

Nikolaus Lenau (1802–1850), Lyriker, Versepiker; gilt mit seinen »abstrakt-allegorischen Trauerlandschaften und Vergänglichkeitslamentos« (R. Dove) als »Klassiker des Weltschmerzes«.

August Wilhelm Schlegel (1767–1845), die literarische Romantik mitprägender Kritiker, Philologe, Shakespeare-Übersetzer und Dramatiker.

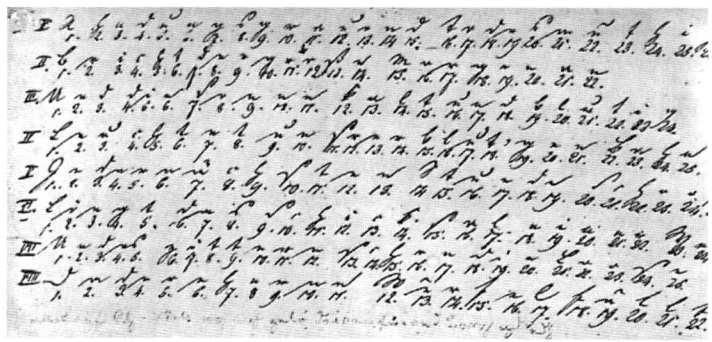

33 Chiffre-Code zur Verschlüsselung von Briefen

beitet diesen tragischen Vorfall in ihrem Romanfragment und
läßt dort ihren Vater dem lebensgefährlich Verletzten ärztliche
Hilfe leisten.

Georg ist weder in Darmstadt noch von Straßburg aus
selbst aktiv in die Vorbereitungen zum Frankfurter Wachensturm verwickelt. Anders sieht dies bei einigen seiner ehemaligen Klassenkameraden vom Darmstädter Gymnasium
aus. Georg ist zweifellos informiert, wie gut, muß dahingestellt bleiben. Daß er mit den Mitteln bzw. Zielen dieser politischen Aktion prinzipiell einverstanden ist, wurde bereits
erwähnt; lediglich den Zeitpunkt hält er für verfrüht, weil er
die Auffassung vertritt, daß die Revolte keine Rückendekkung durch die Bevölkerung erhalten würde, womit er Recht
behält. In jedem Fall ist seine Solidarität und Sympathie für
die nun von den Behörden verfolgten Oppositionellen groß
genug, um im Straßburger Raum beispielsweise aktiv an
Fluchthilfeaktionen teilzunehmen. So kann er Gesuchten bei
der Flucht über die grüne Grenze nach Frankreich geholfen

54
☛ Büchner, A. (Hg.): Büchner, Luise,
Ein Dichter. Novellenfragment.
Darmstadt 1964 (Neudruck)

und / oder nach dem Einstieg ins Exulantendasein praktische Hilfestellung geleistet haben, etwa bei wichtigen Behördengängen oder bei der Wohnungssuche.

Bereits der Gymnasiast ist ja, wie seine Aufsätze zeigen, von »glühende[r] Liebe zur Freiheit« erfüllt und ein leidenschaftlicher Anhänger der Ziele der Französischen Revolution, die unter Karl X. (1757–1836) vollkommen aus dem Blick gerieten. Georg verteidigt das persönliche Opfer aus politischem Pflichtgefühl zum »Vorteile seines Vaterlands«. In Straßburg hat er die Macht des Bürgerkönigtums und die fatale Herrschaft einer neuen ›Geldaristokratie‹ kennen und durchschauen gelernt. Das Schicksal der deutschen Oppositionellen ist für ihn der Blick in die Zukunft Frankreichs, und er ist bereit, »mit Mund und Hand« dafür zu kämpfen, daß auch die Angehörigen des Vierten Standes, Arbeiter, Handwerker und Bauern, als Inhaber von Bürgerrechten begriffen werden. Alle bis dahin in Deutschland betriebenen freiheitlichen Bestrebungen waren fruchtlos geblieben. »Sie schreiben, man liest sie nicht; sie schreien, man hört sie nicht; sie handeln, man hilft ihnen nicht.« Diese Kluft zwischen Opposition und Volk gilt es zu überwinden und die materiellen Interessen der breiten Bevölkerung mit den politischen Zielen der bürgerlichen Revolutionäre zu verbinden, das heißt, die Politik auf eine Massenbasis zu stellen und etwas zu schreiben, das gelesen wird.

Obgleich es nur wenige Belege gibt, darf vermutet werden, daß Georg Büchner bereits während seiner Straßburger Zeit Verbindungen zu politisch aktiven oppositionellen Kreisen

Lieber Adolph!
Nur wenige Zeilen bringen Dir dießmal meine Grüße. Ich komme eben aus dem Leichendunst und von der Schädelstätte, wo ich mich täglich wieder einige Stunden selbst kreuzige, und nach den kalten Brüsten und den todten Herzen, die ich da berührte, erquickte mich wieder das lebendige, warme an das Du mich drücktest über die Paar Meilen hinaus, die unsere Kadaver trennen. Wahrhaftig der Lindwurm von dem Du sprichst ist nicht so gefährlich, man müßte ein armer Tropf seyn, wenn unsre Arme nicht einmal über die dreißig Stunden hinübergreifen könnten. Wenn das Frühjahr kommt hoffe ich Dich zu sehen. Seit acht Tagen bin ich wieder hier, die teutsche naßkalte Holländeratmosphäre ist mir zuwider, die französische Gewitterluft ist mir lieber.
Lebe wohl,
Dein G. Büchner
An Adolph Stoeber in Metz, Straßburg, 3. November 1832

unterhält und sich konspirativ betätigt. Es ist müßig, darauf zu warten, daß Briefquellen oder andere Zeugnisse für diese Aktivitäten aufgefunden werden. Selbstverständlich findet die Kommunikation unter den Oppositionellen verschlüsselt und mit Hilfe von Deckadressen statt, und natürlich wird auch Büchner diese Mittel angewendet haben, wenn er sich in dieser Weise betätigt hat. Die Anwendung solcher Verschlüsselungsverfahren ist zu Büchners Zeit sehr verbreitet und in Anbetracht der beachtlichen Anzahl von Agenten und Spitzeln, die von den jeweiligen Behörden bis tief in die Privatsphäre der Verdächtigten und Verfolgten gesandt werden, unbedingt erforderlich.

»Der Haß ist so gut erlaubt als die Liebe«

Nach einer ausgedehnten Wanderung durch die Vogesen kehrt Georg im August 1833 Straßburg den Rücken und fährt nach Darmstadt, um dort die Sommerferien zu verbringen. Die Ferien bis zum Beginn des Wintersemesters in Gießen dauern etwa elf Wochen. Der Wechsel zur pflichtgemäßen Landesuniversität beruht vermutlich auf einer elterlichen Entscheidung, auch in Gießen leben im übrigen entfernte Verwandte; für Georg jedenfalls ist der Abschied von Straßburg kein freiwilliger. Seine Briefe an Edouard Reuss und Eugène Boeckel und natürlich die zurückgebliebene Minna Jaeglé zeigen, daß Büchner während der Ferien und noch bis in das Gießener Studium hinein an eine baldige Rückkehr nach Straßburg denkt.

Die Rückkehr in die »Wüste Sahara«, nämlich Darmstadt, ist für ihn zunächst eine schmerzliche Bestätigung dessen, was er an der Residenz von jeher verabscheut. Entmutigt beobachtet er den politischen Niedergang der Landstände in der Auseinandersetzung mit dem Landesherrn. Die Hambacher und Frankfurter Aktionen haben Ludewig, statt ihn zu verunsichern, um so kompromißloser werden lassen. Jeder noch so schüchterne Rettungsversuch des Landtags, etwa im Hinblick auf die verfassungswidrig beseitigte Pressefreiheit, wird vom Großherzog vom Tisch gefegt; die repressiven Bundesbeschlüsse bleiben in Kraft. »Unser Landtag führt den Beweis«, schreibt Georg an Boeckel, daß die Geburt einer

34 Georg Büchner,
Federzeichnung
von Alexis Muston

solchen konstitutionellen Körperschaft offenbar länger dauert als jede andere, »seine Lebensfrage ist seit 8 Monaten noch nicht entschieden. Ein Mensch braucht höchstens eine Stunde, um auf die Welt zu kommen ... ein deutscher Landtag deren 5760, ein Mensch lebt 60 Jahr, ein Landtag 41272; O Messias!«

Daß die Verbindungen nach Straßburg lebendig sind, belegt auch Georgs Interesse an einem Concours der Akademie. Er läßt sich zwei Bewerbungsarbeiten zusenden, wohl, um sich über deren Qualität zu informieren. Wie sich herausstellt, haben sich das entsprechende Gremium und die Fakultät allerdings längst eine Meinung über die Kandidaten gebildet; offenbar ist bei der Vergabe der Professorenstellen Nepotismus an der Tagesordnung.

Im Spätsommer hilft Georg seinem französisch-sprachigen Freund Alexis Muston bei den Abschriften deutscher Akten über die Geschichte der Waldenser in Hessen. Um sich von

35 ›Christus in Emmaus‹. Ölgemälde von Carel von Savoy, um 1654

der Arbeit zu erholen, besuchen die zwei die Darmstädter Ge-
mäldegalerie, wo sie unter anderem Carel von Savoys ›Christus in Emmaus‹ betrachten, ein Bild, in dem realistische und
unmittelbar wirkende Darstellungsverfahren zur Anwendung
kommen und das später in Büchners Erzählung ›Lenz‹ eine
Rolle spielen wird. Sie führen intensive Gespräche, in denen
sie ihre politischen und weltanschaulichen Ideen austau-
schen, Gedanken zur sozialen und religiösen Erneuerung, zur
»Weltrepublik (*république universelle*)«, wie Muston es nennt,
zu den »vereinigten Staaten von Europa und anderen Utopi-
en, von denen einige vielleicht Wirklichkeit werden«. Im
Herbst begleitet Georg den Freund auf seinem Weg zurück
nach Straßburg durch die Bergstraße, wo im »Felsenmeer« bei
Lautertal-Reichenbach eine kleine Portraitskizze aus Mustons
Feder entsteht. »Die Liebe, die Dichtung und das Studium
waren die Themen der letzten Gespräche«, erinnert sich der
Freund. »Wir sollten uns kurz darauf trennen. Ich schrieb ihm
mit Bleistift einige Verse als Andenken an unsere Freundschaft.« Mit dem Versprechen, sich in Paris wiedertreffen zu
wollen, trennt man sich.

Ist Darmstadt im Vergleich zu Straßburg eng und klein
erschienen, so schrumpft die Universitätsstadt Gießen zu
einem wahren »Studentendorf«, wie Alexander Büchner es
respektlos nennt, wo »die Häuser sich schwerfällig aneinan-
der lehnten, um nicht umzufallen«. Die etwa 7000 Einwohner
sind zumeist Bauern und Handwerker, der Rest drittelt sich
in liberales Bürgertum, biedere Beamtenschaft und mehr
oder weniger dünkelhafte Akademiker. Die Zahl der Studenten schwankt zwischen 400 und 600, »kein Haus, das nicht
einen oder mehrere Studenten beherbergte, welche oft auch
die ganze Kost hatten; die wenigsten Professoren besaßen
eigene Häuser; fast alle wohnten auf Miete«.

36 Der Marktplatz von Gießen.
Stahlstich von W. J. Cooke nach
T. Verhas, um 1845

37 Ansicht von Gießen. Stahlstich, Anfang des 19. Jh.

Ende Oktober 1833 steigt Georg in Darmstadt in eine der
vom ›Ausscheller‹ ausgerufenen ›Chaisen‹, die unregelmäßig
nach Gießen und zurück fahren. Für die rund 100 Kilometer
lange Strecke benötigt die Kutsche, trotz befestigter Chaus-
seen, stattliche 18 Stunden. In Gießen angekommen, hinterlegt
er seinen Paß und erhält eine ›Aufenthaltskarte‹, die ihn
berechtigt, länger als eine Übernachtung in der Stadt zu bleiben. Durchreisende müssen beim ›Fußherberger‹ oder in der
Pension einen ›Nachtzettel‹ ausfüllen, den der Gastwirt am
Abend auf dem Polizeiamt abzugeben hat.

Die Straßen und Gassen sind eng und schmutzig. Statt eines
Trottoirs gibt es in der Mitte eine schmale Reihe von Steinen.
Begegnen sich zwei sozial gleichgestellte Passanten, so wei-
chen sie einander »in der Art aus, daß jeder einen Fuß auf den
großen Stein [setzt], den anderen aber daneben in den Kot«

Ich dürste nach einem Briefe. Ich bin allein, wie im Grabe; wann erweckt
mich Deine Hand? Mein Freunde verlassen mich, wir schreien uns wie
die Taube einander in die Ohren; ich wollte, wir wären stumm, dann
könnten wir uns doch nur ansehen, und in neuen Zeiten kann ich kaum
Jemand starr anblicken, ohne daß mir die Thränen kämen. Es ist dieß eine
Augenwassersucht, die auch beim Starrsehen oft vorkommt.
An Wilhelmine Jaeglé in Straßburg, Gießen, etwa 8. Februar 1834

stellt. Markant sind auch die halboffenen Abtritte in den Gassen, die einen studentischen Besucher zu der Bemerkung veranlassen, in der Universitätsstadt Gießen sei ihm »mehr
Gestank als klassische Luft« entgegengeweht.

Das Leben ist, »bis in die höchsten Kreise der Gesellschaft
hinein … außerordentlich einfach«, wie sich Büchners Kommilitone Carl Vogt erinnert und uns dabei einen interessanten Er-
nährungsplan der Zeit überliefert. »Man ißt fünfmal im Tage –
morgens früh Kaffee oder Milch mit Brot, um zehn Uhr die Kinder ein Stück Brot mit Früchten oder mit Zwetschgenhonig
bestrichen; mittags Suppe, Gemüse und meist gekochtes Fleisch
(Braten war ein Luxus), nachmittags vier Uhr wurde etwa das
Zehnuhr wiederholt und abends war die Grundlage des Nach-
tessens meist Wurst oder kaltes Fleisch mit Kartoffeln. Niemals
wurde bei den Mahlzeiten etwas anderes getrunken als Wasser; nur wenn Fremde zu Besuch waren, kam Wein oder Bier
auf den Tisch; sonst wurden diese Getränke nur von den älteren Herren und zwar außerhalb des Hauses genossen.«

In der Stadt sind die Möglichkeiten für Vergnügungen
nicht sehr vielfältig. So gibt es beispielsweise kein Theater;
was bleibt, sind Clubs und Casinos, in denen Zeitungen aus-
liegen, gelegentlich finden Bälle statt, der Rest ist sonntägli-
che Ausflugskultur, die allerdings nie einen freien Ausblick
bis zum Horizont erlaubt, weil, wie Georg klagt, um die
Stadt her »Hügel hinter Hügel [liegt] und breite Thäler, eine
hohle Mittelmäßigkeit in Allem«.

Trotz aller Kritik an Gießen lebt sich Büchner schnell ein
und findet Freunde. Die Landesuniversität, die ›Ludoviciana‹,
ist wie gesagt Pflichthochschule, was zur Folge hat, daß Georg
eine ganze Reihe ehemaliger Schul- und Klassenkameraden
wiedersieht. Ein späterer Brief an August Stoeber in Straßburg
läßt darauf schließen, daß Georg in Gießen mindestens drei

61

38 Studentenbude in
Gießen. Federzeichnung
von E. E. Niebergall, 1835

39 Colleggebaeude zu Gießen (Universität). Lithographie. vermutlich von Jörg
E. Biehler, 1827

neue enge Freunde gewonnen hat, darunter August Becker,
einen Theologiestudenten, der das Studium aus finanziellen
Gründen abgebrochen hat und sich als Mitglied der radikalen
Burschenschaft ›Palatia‹ politisch aktiv betätigt. An Edouard
Reuss schreibt Georg zwar, daß seine Freunde infolge der
Unruhen »flüchtig oder im Gefängnis« seien, aber das trifft
nur auf wenige zu. Für einen von ihnen, Christian Kriegk, lei-
stet Georg im Sommer einen Meineid und bewirkt, daß der
Freund aus der Haft entlassen wird. Es ist Büchners erster
eindeutig belegter Schritt in die politische Konspiration. Von
nun an ist eine fest umrissene politische Ethik, die er während des Studiums in Gießen ausbaut und präzisiert, immer
wieder nachweisbar.

40 Gießener Studenten der Burschenschaft ›Rhenania‹ bei der Men-
sur, 1824. Gemalt von Paul Arnold

Die Landesuniversität, auf der neben Goethes Vater auch Ernst Büchner promoviert wurde, hat um 1830 ihren Zenit überschritten, und zählt zu den kleinsten und unbedeutendsten in Deutschland. Ihre Ordinarien sind wegen ihrer wissenschaftlichen Mediokrität berüchtigt, wobei von 29 Professoren fünf einen medizinischen Lehrstuhl innehaben. Herausragend ist allenfalls ein ›Anatomisches Theater‹, einem Zeitgenossen Büchners zufolge »gewiss eines der schrecklichsten Locale« der Ludoviciana. Sektionsobjekte sind vertragsgemäß die Leichen der im städtischen Rechtsraum Hingerichteten, der Selbstmörder, der unbekannten Ertrunkenen, der unterlegenen Duellanten, der Zuchthäusler, Vagabunden und derjenigen Armen der Stadt, die nicht in der Lage sind, das Geld für ihr Begräbnis zur Verfügung zu stellen.

Für den Abschluß des Medizinstudiums mit der Promotion zum ›Doctor medicinae‹, bedarf es zu Büchners Zeit keines Staatsexamens, sondern lediglich der Einreichung einer ge-

41 Bekanntmachung, die auf der Landesuniversität zu Gießen bestandenen Verbindungen der Studirenden betreffend. In: Großerzoglich Hessisches Regierungsblatt Nr. 28 vom 15. Mai 1835

Bekanntmachung,
die auf der Landesuniversität zu Gießen bestandenen Verbindungen der Studirenden betreffend.

Seine Königliche Hoheit der Großherzog haben Sich huldreichst bewogen gefunden, die dermalen anhängigen Disciplinar-Untersuchungen gegen die Mitglieder der zu Gießen unter dem Namen: Hassia, Rhenania und Teutonia — später Starkenburgia — bestandenen verbotenen Verbindungen der Studirenden niederzuschlagen, dergestalt jedoch, daß durch diese Allerhöchste Begnadigung nur allein die Verletzung der Disciplinargesetze getilgt, mithin dadurch nicht bezweckt wird, den Verfolg der Ergebnisse, welche die wegen der burschenschaftlichen Verbindungen eingeleitete, oder etwa noch einzuleitende, gerichtliche Untersuchung gegen einzelne Mitglieder der oben genannten Verbindungen in gemeinrechtlicher Beziehung liefern sollte, sowie die gerichtliche Untersuchung für den Fall, wenn sich früher oder später herausstellen sollte, daß eine oder die andere dieser Verbindungen im Allgemeinen politische Zwecke verfolgt hat, aufzuheben oder zu hemmen.

Seine Königliche Hoheit der Großherzog haben allergnädigst befohlen, Vorstehendes unter ernstlicher Verwarnung vor ähnlichen künftigen Gesetzesübertretungen und mit dem ausdrücklichen Bemerken öffentlich bekannt zu machen, daß jede spätere Zuwiderhandlung gegen die das Bestehen von Verbindungen untersagenden Bestimmungen der Disciplinarstatuten der Landesuniversität, die Verbindungen mögen politischer oder nicht politischer Natur seyn, unnachsichtlich mit den gesetzlichen Strafen geahndet werden soll.

Darmstadt, am 9. Mai 1835.

Großherzoglich Hessisches Ministerium des Innern und der Justiz.
du Thil

Prinz.

druckten ›These‹. Um die Voraussetzungen hierfür zu erlangen, muß der Kandidat neben den obligatorischen medizinischen Fächern allerdings einen Kanon von »hülfswissenschaftlichen« Pflichtkurse wie Logik, Psychologie, »Reine Mathematik«, Naturlehre und »Universalgeschichte« besuchen. Viele dieser Fächer sind inhaltlich stark philosophisch ausgerichtet. Entsprechend intensiv ist Georg in der ersten Zeit seines Gießener Studiums mit Philosophie und Geschichte beschäftigt. Es liegt der Verdacht nahe, daß er sich womöglich bereits zu diesem Zeitpunkt vom Plan seines Vaters abwendet, praktischer Arzt zu werden, und statt dessen daran denkt, eine naturwissenschaftliche Laufbahn einzuschlagen, für die eine solide philosophische Grundlage unerläßlich ist.

Die Schrullen und Eigenheiten von Georgs Lehrern an der Ludoviciana stehen denen seiner Straßburger Professoren in nichts nach. Da ist etwa der Arzneikundler Ernst Ludwig Nebel, »berühmt wegen seines Abscheu's gegen das Wasser und die Seife«. Seine medizinischen Kollegien finden unter den Studenten wenig Anklang, dafür füllt sich seine Vorlesung über Tacitus' ›Germania‹ mit um so mehr Zuhörern, namentlich Philologen, die aus diesem Grund ihre eigenen Seminare im Stich lassen. Johann Bernhard Wilbrand lehrt vergleichende Anatomie, Physiologie und Naturgeschichte und unternimmt im letzteren gerne Exkursionen, bei denen der »klapperdünne und hagere« Mitfünfziger »immer wie ein Windhund« vorausläuft, während sich seine Studenten ins Wirtshaus verirren. Goethe schätzt den emsigen Professor, mag aber nicht geahnt haben, daß Wilbrand im Zuge seiner von Schellings Naturphilosophie beeinflußten Auffassung in seinen Kollegien die Existenz des Blutkreislaufs schlichtweg leugnet und auch die Aufnahme von Sauerstoff

Jean Paul, das ist Johann Paul Friedrich Richter (1763–1825), romantischer Erzähler und Publizist; genialer Autodidakt. ›Siebenkäs‹, 1796/97; ›Titan‹, 1800–03; ›Flegeljahre‹, 1804/05

Lawrence Sterne (1713–1768), irisch-englischer Erzähler, kritischer Geistlicher und genialer Roman-Konstrukteur. Romane: ›Tristram Shandy‹, 1760–69; ›A Sentimental Journey‹, 1768

bei der Atmung für unglaubwürdig erachtet. »Das Mikroskop zeigte nur Trugbilder«, erinnert sich ein ehemaliger Student, und »sogar die gewöhnliche, hausbackene, menschliche Anatomie wurde in seltsamster Weise verhunzt, [wenn] der Prosektor Wernekink sich zuweilen den lästerlichen Spaß machte, die Muskeln und Bänder in anderer Weise abzuteilen, als Wilbrand es gewohnt war. Dann zupfte dieser in der Vorlesung an vier, fünf Muskeln mit der Pinzette hin und her, während er sein Pensum dazu hersagte, das zu der Präparation paßte, wie die Faust auf's Auge ... Der Glanzpunkt dieser anatomischen Vorlesung war die Demonstration der Ohrmuskeln. Der Sohn [Wilbrands], der die Ohren brillant bewegen konnte, mußte dann erscheinen ... Nach der Beschreibung der Ohrmuskeln sagte der Professor (in breitem westfälischem Dialekt): Diese Muskeln sind beim Mensken obsolet geworden. Der Mens-k kann die Ohren nicht bewegen, das können nur die Äffken. Jolios, mach's mal! Der unglückliche Jolios mußte dann aufstehen und mit den Ohren wedeln!« Zur Eröffnung von Wilbrands Vorlesung über Naturphilosophie, berichtet Carl Vogt, sei fast die ganze Studentenschaft erschienen. »Meine Haaren!« habe er begonnen. »De Philosophie kann nich gelahrt un nicht gelarnt waren!« Kaum habe der Professor die Phrase beendet, sei das Auditorium geschlossen aufgestanden und habe den Saal

42 Inneres von Justus Liebigs chemischem Laboratorium. Lithographie, 19. Jh.

verlassen. Denn »was hatte man noch in einem Kollegium zu thun, wo nichts gelehrt und nichts gelernt werden konnte?«

Doch es gibt natürlich auch Kapazitäten an der Landesuniversität, unter anderen Justus Liebig, Professor der Chemie, der zu Büchners Zeit gerade im Begriff ist, sein später berühmtes Laboratorium aufzubauen. Leider haftet ihm unter den Studenten der Ruf an, ein didaktisch eher mangelhafter Dozent zu sein.

Georgs Studienpensum ist in Gießen größer als in Straßburg. Neben seiner ausgedehnten Lektüre medizinischer Schriften beschäftigen ihn noch eine Vielzahl anderer Themen. So wirft er sich »in die Geschichte der von ihm bewunderten französischen Revolution«, wie Georg Zimmermann berichtet, und liest »Schriften wie Goethe's Werther, Shakespere's Hamlet, Sterne's und Jean Paul's Romane … Er trug sie aus der Anatomie, wo ihn peinliche und ekelhafte Eindrücke zur Verzweiflung brachten, hinaus in die Naturumgebung Gießen's, die … durch idyllische Begrenztheit dem Hange zur Schwermuth entgegenkommt.« In der Tat spricht vieles dafür, daß Georg in der Zeit zwischen Januar und April 1834 eine tiefe weltanschauliche und psychische Krise durchläuft. Seit er Straßburg verlassen hat, bedrängen ihn mindestens drei wichtige Lebensfragen, denen er nicht länger ausweichen kann: Soll er das Studium im Sinne des Vaters weiterführen und Arzt werden? Soll er die Verlobung mit Minna Jaeglé der Familie gegenüber offenlegen? Soll er politisch aktiv werden?

Das Jahr 1834 führt zur Beantwortung aller drei Fragen. Aber bevor es anbricht, fünf Wochen nach Georgs Ankunft in Gießen, zwingt ihn eine leichte Hirnhautentzündung, zurück nach Darmstadt zu fahren, wo er über Weihnachten und den Jahreswechsel hinweg das Bett hütet.

66

43 Georg
Büchners
Freund
August
Becker
(1812–1871)

Der Hessische Landbote.

Erste Botschaft.

Darmstadt, im Juli 1834.

Vorbericht.

Dieses Blatt soll dem hessischen Lande die Wahrheit melden, aber wer die Wahrheit sagt, wird gehenkt, ja sogar der, welcher die Wahrheit liest, wird durch meineidige Richter vielleicht ge aft. Darum haben die, welchen dies Blatt zukommt, folgendes zu beobachten :

1) Sie müssen das Blatt sorg ltig außerhalb ihres Hauses vorder Polizei verwahren;
2) sie dürfen es nur an treue Freunde mittheilen;
3) denen, welchen sie nicht trauen, wie sich selbst, dürfen sie es nur heimlich hinlegen;
4) würde das Blatt dennoch bei Einem gefunden, der es gelesen hat, so muß er gestehen, daß er es eben dem Kreisrath habe bringen wollen;
5) wer das Blatt nicht gelesen hat, wenn man es bei ihm fin det, der ist natürlich ohne Schuld.

Friede den Hütten! Krieg den Pallästen!

Im Jahr 1834 siehet es aus, als würde die Bibel Lügen gestraft. Es sieht aus, als hätte Gott die Bauern und Handwerker am 5ten Tage, und die Fürsten und Vornehmen am 6ten gemacht, und als hätte der Herr zu diesen gesagt: Herrschet über alles Gethier, das auf Erden kriecht, und hätte die Bauern und Bürger zum Gewürm gezählt. Das Leben der Vornehmen ist ein langer Sonntag, sie wohnen in schönen Häusern, sie tragen zierliche Kleider, sie haben feiste Gesichter und reden eine eigne Sprache; das Volk aber liegt vor ihnen wie Dünger auf dem Acker. Der Bauer geht hinter dem Pflug, der Vornehme aber geht hinter ihm und dem Pflug und treibt ihm mit den Ochsen am Pflug, er nimmt das Korn und läßt ihm die Stoppeln. Das Leben des Bauern ist ein langer Werktag; Fremde verzehren seine Äcker vor seinen Augen, sein Leib ist eine Schwiele, sein Schweiß ist das Salz auf dem Tische des Vornehmen.

Im Großherzogthum Hessen sind 718,373 Einwohner, die geben an den Staat jährlich an 6,363,364 Gulden, als

1) Direkte Steuern	2,128,131 fl.	
2) Indirecte Steuern	2,478,264 „	
3) Domänen	1,547,394 „	
4) Regalien	46,938 „	
5) Geldstrafen	98,511 „	
6) Verschiedene Quellen	64,198 „	
	6,363,363 fl.	

Dies Geld ist der Blutzehnte, der von dem Leib des Volkes genommen wird. An 700,000 Menschen schwitzen, stöhnen und hungern dafür. Im Namen des Staates wird es erpreßt, die Presser berufen sich auf die Regierung und die Regierung sagt, das sey nöthig die Ordnung im Staat zu erhalten. Was ist denn nun das für gewaltiges Ding: der Staat? Wohnt eine Anzahl Menschen in einem Land und es sind Verordnungen oder Gesetze vorhanden, nach denen jeder sich richten muß, so sagt man, sie bilden einen Staat. Der Staat also sind Alle; die Ordner im Staate sind die Gesetze, durch welche das Wohl Aller gesichert wird, und die aus dem Wohl Aller hervorgehen sollen. — Seht nun, was man in dem Großherzogthum aus dem Staat gemacht hat; seht was es heißt: die Ordnung im Staate erhalten!

44 Titelseite des ›Hessischen Landboten. Erste Botschaft‹ von Georg Büchner und Friedrich Ludwig Weidig vom Juli 1834.

45 Büchners Freund Friedrich Ludwig Weidig (1791–1837)

Anfang Januar nimmt er das Gießener Studium wieder auf. Kurze Zeit später macht ihn sein Freund August Becker mit dem führenden Oppositionellen in Oberhessen, den Rektor Dr. Friedrich Ludwig Weidig aus Butzdach, bekannt. Weidig ist Herausgeber der illegalen Zeitschrift ›Leuchter und Beleuchter für Hessen‹ und wirkt auf Büchner wie ein Katalysator; die dritte von Georgs Lebensfragen wird positiv beantwortet: Kurz nachdem er Weidig kennengelernt hat, entsteht die erste Fassung des ›Hessischen Landboten‹. Weidig wird das Manuskript später redigieren und ihm diesen Titel geben. Georg hat sich offenbar entschlossen, politisch aktiv zu werden und etwas zu schreiben, was gelesen wird.

Das Verhältnis zu Weidig ist nicht unproblematisch. Während Weidig nach dem Mißerfolg des Frankfurter Wachensturms, ebenso wie Büchner, die Auffassung vertritt, daß eine zukünftige wirksame Erhebung die Unterstützung des Volks erforderlich macht, versteht er eine solche Teilnahme der Massen gleichwohl nur als Mittel zu dem Zweck, die Regierung umzuformen, nicht aber als einen Weg, das Volk in den demokratischen Prozeß mit einzubeziehen. Georg hingegen plädiert für eine demokratische Praxis, wie er sie in den USA realisiert sieht, im Sinne von *one man, one vote*. Er glaubt an die politische Mündigkeit auch des Vierten Standes.

Der Entwurf des ›Hessischen Landboten‹ ist keine Auftragsarbeit von seiten Weidigs an Büchner. Vielmehr ist er die verbindliche Konsequenz kontroverser Diskussionen zwischen beiden. Weidig verfügt zu diesem Zeitpunkt über die organisatorischen Möglichkeiten, eine solche Flugschrift, die auch er für prinzipiell notwendig und wirksam hält, drucken und verteilen zu lassen. Georg, zweifellos auf der Suche nach einer Gelegenheit, politisch aktiv zu werden, nimmt diese Chance wahr, freilich ohne von seinem politischen Standpunkt abzuweichen.

☛ Hans-Joachim Ruckhäberle: Flugschriftenliteratur im literarischen Umkreis Georg Büchners. Kronberg/Ts. 1975

Die politische Einflußnahme durch Flugschriften ist 1834 nichts Besonderes. Auch ist die Idee nicht neu, in einem Text immer wieder auf Zahlenmaterial – etwa zu den horrenden Steuerlasten – zurückzugreifen; nicht einmal die Anlehnung des Stils an den Duktus der Bibel ist originell und ist dutzendweise von Vorgängern realisiert worden. Was neu ist am ›Hessischen Landboten‹, ist die sorgfältige Verknüpfung dieser beiden Prinzipien: Die Bibelsprache drückt das schreiende Unrecht in konkreten Zahlen aus. Büchner weiß, daß Bauern und Handwerker die Sprache der Bibel nicht nur gewohnt sind, wenn sie belehrt werden sollen, die Bibel ist überhaupt die einzige Autorität für die breite Bevölkerung, wenn es um Fragen des »abstrakten Unrechts« geht, wenn es darum geht, die Härte des Daseins zu beklagen, die Schulden- und Steuerlast, den Hunger, die Armut im allgemeinen, mit der man sich weder an den Dorfrichter noch an die Behörden wenden kann. Nichts ist neu an Büchners agitatorischer Flugschrift außer ihrem besonderen rhetorischen Geschick, mit dem Büchner statistisches Zahlenmaterial mit Anklängen an die Bibel verknüpft.

Büchners politische Aktivitäten beschränken sich indes nicht auf das Pamphleteschreiben. Als im März/April fast alle wegen Beteiligung und Mittäterschaft am Frankfurter Wachensturm inhaftierten politischen Gefangenen aus der Haft entlassen werden, formieren Büchner und August Becker gemeinsam mit radikalen Burschenschaftern eine revolutionäre Geheimorganisation, die zeitweilig den Namen ›Gesellschaft der Menschenrechte‹ führt.

Die Beziehung zu Weidig steht in einem engen Zusammenhang mit den Aktivitäten der Gießener Studentenverbindungen. Wie in anderen Universitätsstädten, so halten auch in Gießen die Auseinandersetzungen zwischen unpolitischen

46 Hörerschein Georg Büchners von der Universität Gießen

›Landsmannschaften‹ und patriotisch gesinnten ›Burschenschaften‹ die Bürger in Atem. Die ›Allgemeine Gießener Burschenschaft Germania‹ ist bereits 1819, nach der Ermordung
Kotzebues, formell verboten worden, hat sich jedoch unter
dem landsmannschaftlichen Tarnnamen ›Corps Palatia‹ neu
formiert und betätigt sich unter der Federführung von Ludwig Weidig im politischen Untergrund. Aus diesem Umkreis, dem auch zahlreiche ehemalige Schulkameraden
Georgs angehören, rekrutiert sich im Frühjahr 1834 die kon-
spirative ›Gesellschaft der Menschenrechte‹, die für Georg
die erste praktisch-politische Plattform wird. Die desolaten
sozialen und politischen Verhältnisse in Hessen machen ihn
»rasend«, wie er schreibt; zugleich erschweren es ihm seine
eingeschränkten Erfahrungen und die Unkenntnis darüber,
wie die Opposition in den deutschen und europäischen
Metropolen operiert, im bürgerlichen Liberalismus der Groß-
städte die politische Avantgarde zu erkennen. Seiner Auffassung nach können in den ländlichen Gebieten nur die materiellen und religiösen Interessen der Menschen den erforderlichen Impuls geben, der das Volk dazu veranlaßt, politisch
aktiv zu werden.

Aus der Anschauung der politischen Praxis in Frankreich
und auf der Grundlage seiner intensiven Beschäftigung mit
der Geschichte der Französischen Revolution hat Büchner
erkannt, daß das politische Handeln einzelner stets in eine
allgemeine und eine persönliche Komponente zerfällt. Jede
auf das Gemeinwohl zielende politische Tat wird von einem
›individuellen Faktor‹ verzerrt. Letztlich zähle die Gewalt;
die Gewalt ist da, sie ist »allen und keinem« verliehen; wer
seine Ziele durchsetzen will, muß sie an sich reißen. Das in
einer jeweiligen historischen Situation politisch handelnde
Individuum könne zwar den Verlauf einer Revolution för-

70

Hier ist kein Berg, wo die Aussicht frei sey. Hügel hinter Hügel und breite Thäler, eine hohe Mittelmäßigkeit in Allem; ich kann mich nicht an
dieße Natur gewöhnen, und die Stadt ist abscheulich … Ich studirte die
Geschichte der Revolution. Ich fühlte mich wie zernichtet unter dem
gräßlichen Fatalismus der Geschichte. Ich finde in der Menschennatur
eine entsetzliche Gleichheit, in den menschlichen Verhältnissen eine
unabwendbare Gewalt, Allen und Keinem verliehen. Der Einzelne nur
Schaum auf der Welle, die Größe ein bloßer Zufall, die Herrschaft des

dern oder sich ihr entgegenstellen, ihre Resultate jedoch könne es nicht bestimmen. »Wir haben nicht die Revolution, sondern die Revolution hat uns gemacht«, schreibt er im sogenannten Fatalismusbrief an Minna Jaeglé. Er hat die Überzeugung gewonnen, daß auch große historische Individuen, also Helden, letztlich nur Menschen mit Gefühlen und Widersprüchen sind und keineswegs reine Inkarnationen des Weltgeists im Sinne Hegels. Was sie zum Handeln zwingt, ist der »Fatalismus« des historischen Subjekts. Und Georg begreift, daß er selbst ein historisches Subjekt ist und die historischen Umstände ihn zum Handeln aufrufen, ja zwingen. Zugleich aber ist er ein sensibler Beobachter und entschiedener »Feind jeder thöricht unbesonnenen Handlung«, wie sein späterer Förderer Wilhelm Schulz es ausdrückt, »haßte er doch jenen thatenlosen Liberalismus, der sich mit seinem Gewissen und seinem Volke durch leere Phrasen abzufinden sucht«. Büchner analysiert, erkennt die Notwendigkeit der Tat und spürt das »Muß«, das uns später in seinem Revolutionsdrama ›Danton's Tod‹ begegnet: »Wer will der Hand fluchen, auf die der Fluch des Muß gefallen?« Georg weiß auch, daß er sich im Handeln zugleich Schuld aufbürdet; aber die große Welle der Geschichte reißt ihn mit. »Puppen sind wir von unbekannten Gewalten am Draht

Genies ein Puppenspiel, ein lächerliches Ringen gegen ein ehernes Gesetzes, zu erkennen das Höchste, es zu beherrschen unmöglich. Es fällt mir nicht mehr ein, vor den Paradegäulen und Eckstehern der Geschichte mich zu bücken. Ich gewöhnte mein Auge ans Blut. Aber ich bin kein Guillotinenmesser. Das *muß* ist eins von den Verdammungsworten, womit der Mensch getauft worden ist. Der Ausspruch: es muß ja Aergerniß kommen, aber wehe dem, durch den es kommt, – ist schauderhaft. Was ist das, was in uns lügt, mordet, stiehlt? Ich mag dem Gedanken nicht weiter nachgehen. Könnte ich aber dieß kalte und gemarterte Herz an Deine Brust legen! ... Ich verwünsche meine Gesundheit. Ich glühte, das Fieber bedeckte mich mit Küssen und umschlang mich wie der Arm der Geliebten. Die Finsterniß wogte über mir, mein Herz schwoll in unendlicher Sehnsucht, es drangen Sterne durch das Dunkel, und Hände und Lippen bückten sich nieder. Und jetzt? Und sonst? Ich habe nicht einmal die Wollust des Schmerzes und des Sehnens. Seit ich über die Rheinbrücke ging, bin ich wie in mir vernichtet, ein einzelnes Gefühl taucht nicht in mir auf. Ich bin ein Automat; die Seele ist mir genommen.
Sogenannter Fatalismusbrief an Wilhelmine Jaeglé in Straßburg, Gießen, zwischen dem 10. und 20. Januar

gezogen; nichts, nichts wir selbst!« Dennoch gibt es Ziele, die
mit dem Risiko von Opfern erreicht werden müssen. Sein
politisches Fernziel ist die »Herstellung einer Republik«, als
einer Assoziation freier, gleichberechtigter Individuen.
Zugleich aber weiß er, daß es sinnlos ist, direkt auf dieses
Ziel zuzumarschieren. Nichts führt um die Teilnahme des
Volkes herum. Rühmlicher sei es, in den gegenwärtigen Verhältnissen weiterzuleben, als eine liberale Politik zu unterstützen, die nur ihre eigenen Interessen sieht. Eine wirksame
Revolution ist in seinen Augen keine Spontanaktion, sondern
setzt Aufklärung der Massen voraus. Den meisten Menschen
sei ja nicht der politische Rechtszustand des Staates ein Dorn
im Auge, sondern die eigene materielle Misere. Dies sichtbar
werden zu lassen sei die Voraussetzung einer Revolte, die
von den Massen erfolgreich mitgetragen wird. »Man muß
ihnen [den besitzlosen Bauern und einfachen Handwerkern]
zeigen und vorrechnen«, erklärt August Becker in einem späteren Verhör, »daß sie einem Staate angehören, dessen
Lasten sie größtentheils tragen müssen ...; daß die Gesetze,
welche über ihr Leben und Eigenthum verfügen, in den Händen des Adels, der Reichen und der Staatsdiener sich befinden u.s.w., dieses Mittel, die Masse des Volkes zu gewinnen,
muß man ... benutzen, so lange es noch Zeit ist.«

Selbstverständlich ist sich Büchner darüber im klaren, daß
mit einer Flugschrift, selbst wenn sie von allen gelesen und
verstanden wird, keine Revolution auszulösen ist. Das Konzept des ›Hessischen Landboten‹, das er gemeinsam mit
Ludwig Weidig im Frühjahr unter Einsatz all seiner Kräfte
entwickelt, ist ein Erkundungsmittel, mit dem er »die Stimmung des Volkes und der deutschen Revolutionärs erfor-
schen« will, wie Becker bestätigt. Georg will herausfinden,
»in wie weit das deutsche Volk geneigt sei, an einer Revolu-

72

Der erste helle Augenblick seit acht Tagen. Unaufhörliches Kopfweh und
Fieber, die Nacht kaum einige Stunden dürftiger Ruhe. Vor zwei Uhr
komme ich in kein Bett, und dann ein beständiges Auffahren aus dem
Schlaf und ein Meer von Gedanken, in denen mir die Sinne vergehen.
Mein Schweigen quält Dich wie mich, doch vermochte ich nichts über
mich ... Die Frühlingsluft löste mich aus meinem Starrkrampf. Ich
erschrak vor mir selbst. Das Gefühl des Gestorbenseyns war immer über
mir. Alle Menschen machten mir das hippocratische Gesicht, die Augen

tion Anteil zu nehmen«. Mit »Revolution« ist dabei stets eine durchgreifende Änderung der Verhältnisse gemeint, die sich nicht auf bürgerliche Freiheitsrechte beschränken dürfe, sondern auch die ›soziale Frage‹ lösen soll.

Die Arbeit an diesem politischen Konzept, die Streitgespräche mit Weidig, die Gründung der ›Gesellschaft für Menschenrechte‹, die Ende März während einer heimlichen Reise nach Straßburg vorgenommene Offenlegung der Verlobung mit Wilhelmine, die bei Ernst Büchner eine erbitterte Reaktion auslöst und schließlich zur Fortsetzung des Studiums mit der Entscheidung für eine wissenschaftlich-akademische Karriere führt – all diese ineinander verflochtenen Konflikte werfen den jungen Studenten in eine Identitätskrise, während der er nicht einmal die Kraft findet, Minna Jeaglé zu schreiben. »Unaufhörliches Kopfweh und Fieber«, klagt er später in einem ersten Brief an sie, »die Nacht kaum einige Stunden dürftiger Ruhe. Vor zwei Uhr komme ich in kein Bett, und dann ein beständiges Auffahren aus dem Schlaf und ein Meer von Gedanken, in denen mir die Sinne vergehen.« Dennoch, mitten im Sturm dieser Krise, schreibt Büchner die erste Fassung seiner Flugschrift nieder und beschert der deutschen Literaturgeschichte das wichtigste Dokument der politischen Publizistik im Vormärz und zugleich das erste sozialrevolutionäre Pamphlet des europäischen Kulturraums.

Man darf annehmen, daß die Niederschrift selbst wesentlich zu der beklagten Erschöpfung beigetragen hat. Da das Manuskript dieses Entwurfs nicht erhalten ist und die einzige Textvorlage des ›Hessischen Landboten‹ die von Weidig stark bearbeitete erste Fassung der im Juli gedruckten Flugschrift ist, beschäftigt sich die Forschung seit jeher mit der Frage, welche Teile des Textes Büchners Entwurf und welche Weidigs Überarbeitung zuzuordnen sind. Laut August Becker ist

73

verglast, die Wangen wie von Wachs ... ach, wir armen schreienden Musicanten, das Stöhnen auf unsrer Folter, wäre es nur da, damit es durch die Wolkenritzen dringend und weiter, weiter klingend, wie ein melodischer Hauch in himmlischen Ohren stirbt? ... Ich lästre nicht. Aber die Menschen lästern. Und doch bin ich gestraft, ich fürchte mich vor meiner Stimme und – vor meinem Spiegel. Meine geistigen Kräfte sind gänzlich zerrüttet. Arbeiten ist mir unmöglich.

An Wilhelmine Jaeglé in Straßburg, Gießen, 8. März 1834

der handschriftliche Entwurf Büchners so schwer zu entziffern, daß er sich gezwungen sieht, das Ganze »ins Reine« zu schreiben und diese Druckvorlage gemeinsam mit einem Freund nach Butznach zu Weidig zu bringen. Georg ist unterdessen nach Straßburg abgereist.

Weidig reagiert auf den Text ablehnend. Offenbar enthält Büchners Entwurf eine Reihe heftiger Attacken gegen die landständische Opposition, mit der Weidig es sich nicht verderben will, weil er glaubt, »man müsse auch den kleinsten revolutionären Funken sammeln, wenn es dereinst brennen solle«. Hier zeigt sich auch, wie sehr Weidig im Unterschied zu Büchner eine revolutionäre Umwälzung als unabdingbare Voraussetzung für Erfüllung romantisch-geschichtsphilosophischer Ziele versteht. Die Hoffnung auf das »republikanische Paradies« oder das »Reich der Gerechtigkeit« kann als ebenso utopischer Topos gelten wie die Auffassung, durch das Sammeln von deutschen Märchen und Sagen den Geist der Nation sichtbar zu machen.

Büchners Kalkül ist realitätsbewußter und zudem ethisch-moralisch motiviert. Seine Argumentation konzentriert sich auf das Bewußtmachen des gravierenden Unrechts angesichts der Kluft zwischen arm und reich, Ausgebeuteten und »Pressern«. Seine politischen Ziele sind egalitär und eher sozialistisch als republikanisch. Der biblische Duktus erinnert an die radikale ›urkommunistische‹ und ›urchristliche‹ Gleichstellung aller Menschen, nicht nur derjenigen, die sich diese Gleichstellung intellektuell selbst zuschreiben und als selbsternannte Fürsten die geborenen von ihren Plätzen drängen wollen. Büchners Radikalität blickt auf die gesamte Bevölkerung, die in ihrer Gemeinschaft einen Staat darstellt. »Was ist denn nun das für ein gewaltiges Ding: der Staat?« fragt er und zielt auf das Nichtwissen der meisten Menschen

Vormärz
Epochenbezeichnung für die politische Literatur des Jungen Deutschland zwischen 1815 und 1848

☛ Literarische Geheimberichte aus dem Vormärz. Mit Einleitung und Anmerkungen. Wien 1912 (Reprint Hildesheim 1975)

ab, die den Staat als etwas Gottgegebenes und Unantastbares wahrnehmen. »Wohnt eine Anzahl Menschen in einem Land und es sind Verordnungen und Gesetze vorhanden, nach denen jeder sich richten muß, so sagt man, sie bilden einen Staat. Der Staat sind also alle.« Dieser überraschend weltliche und einleuchtende Schluß bildet das Fundament seiner Analyse von Georg Wilhelm Justin Wagners ›Statistisch-topographisch-historischer Beschreibung des Großherzogtums Hessen‹ für die ›Finanzperiode von 1830/32«, die Büchner sich von Weidig hat borgen lassen. 6 Millionen Gulden werden jährlich von 700 000 Menschen, die dafür »schwitzen, stöhnen und hungern«, an nur 10 000 andere bezahlt, die den Anspruch erheben, die Regierung zu sein, »sich über euer Geld hier lustig machen« und schöne Kleider tragen, »die in [eurem] Schweiß gefärbt« sind.

»6 Millionen bezahlt ihr im Großherzogthum einer Handvoll Leute, deren Willkür euer Leben und Eigenthum überlassen ist … Ihr seyd nichts, ihr habt nichts! Ihr seyd rechtlos. Ihr müsset geben, was eure unersättlichen Presser fordern … Hebt die Augen auf und zählt das Häuflein eurer Presser, die nur stark sind durch das Blut, das sie euch aussaugen und durch eure Arme, die ihr ihnen willenlos leihet. Ihrer sind vielleicht 10 000 im Großherzogthum und Eurer sind es 700 000 und also verhält sich die Zahl des Volkes zu seinen Pressern auch im übrigen Deutschland. Wohl drohen sie mit dem Rüstzeug und den Reisigen der Könige, aber ich sage euch: Wer das Schwert erhebt gegen das Volk, der wird durch das Schwert des Volkes umkommen.«

Mit Büchners Ziel, den Lesern die ungeheure Dreistigkeit dieses schreienden Unrechts bewußt zu machen, ist die Hoffnung auf die Bildung von politischem Bewußtsein verbunden. Wer versteht, daß er im Unrecht lebt, wird diesen Zustand ändern

75

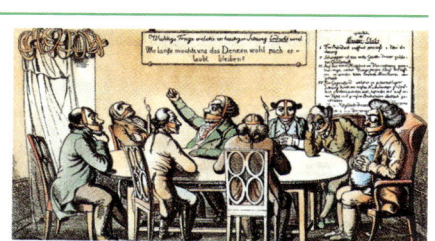

47 Der Denker-Club. Spottblatt auf die Zensur und das
Spitzelwesen der Metternich-
zeit. Radierung, um 1825

wollen. Die einzelnen Punkte des hessischen Gesamtetats (ca.
6 Millionen) aufgreifend, entlarvt die Flugschrift das groteske
Gefälle zwischen Armen und Reichen, Steuer und staatlicher
Leistung in jedem der einzelnen Ressorts. »Sehet, was die Ernte
eures Schweißes ist«, heißt es in biblischer Diktion.

»Für das Ministerium des Innern und der Gerechtigkeits-
pflege werden bezahlt 1 110 607 Gulden. Dafür habt ihr einen
Wust von Gesetzen, zusammengehäuft aus willkürlichen
Verordnungen aller Jahrhunderte … Das Gesetz ist das Eigentum einer unbedeutenden Klasse von Vornehmen und
Gelehrten, die sich durch ihr eignes Machwerk die Herrschaft zuspricht … Ihre Ruhestühle stehen auf einem Geld-
haufen von 461 373 Gulden (so viel betragen die Ausgaben für
die Gerichtshöfe und die Kriminalkosten). Die Fräcke, Stöcke
und Säbel ihrer unversetzlichen Diener sind mit dem Silber
von 197 502 Gulden beschlagen (so viel kostet die Polizei
überhaupt … Die Justiz ist in Deutschland seit Jahrhunderten
die Hure der deutschen Fürsten … Ihr dürft euern Nachbar
verklagen, der euch eine Kartoffel stiehlt; aber klagt einmal
den Diebstahl, der von Staats wegen unter dem Namen von
Ausgabe und Steuern jeden Tag an eurem Eigentum began-
gen wird; damit eine Legion unnützer Beamten sich von eurem Schweiße mästen … / Für das Ministerium der Finanzen
1 551 502 Fl. / … Dafür sitzen die Herren in Fräcken beisam-
men … und rechnen aus, wie viel (das Volk) noch tragen
kann … / Für das Militär wird bezahlt 914 820 Gulden. / Dafür kriegen eure Söhne einen bunten Rock auf den Leib, ein
Gewehr oder eine Trommel … Mit ihren Trommeln übertäu-
ben sie eure Säufzer, mit ihren Kolben zerschmettern sie
euch den Schädel, wenn ihr zu denken wagt, daß ihr freie
Menschen seid. Sie sind die gesetzlichen Mörder, welche die
gesetzlichen Räuber schützen … / Für die Pensionen 480 000

48 Expedition d Leuchte:
Spottblatt auf die »Maulwür-
fe« des Spitzelwesens … Die
»Schere« der Zensur, die bürgerlicher »ABC-Schützen«, die
sich damit gängeln lassen.
Anonyme Lithographie

Gulden. / ... / Für das Staatsministerium und den Staatsrat 174 600 Gulden ... ihr müßt ferner für das großherzogliche Haus und Hofstaat 827 772 Gulden bezahlen. / Die ... Leute, von denen ich bis jetzt gesprochen ..., tun nichts in ihrem Namen ..., sie sprechen mit Ehrfurcht: ›Im Namen des Großherzogs‹ ..., und der Mensch, den sie so nennen, heißt: unverletzlich, heilig, souverän, königliche Hoheit. Aber tretet zu dem Menschenkinde und blickt durch

49 Großherzogthum Hessen Darmstadt. Gendarmerie. Farblithographie, Anfang 19. Jh.

seinen Fürstenmantel. Es ißt, wenn es hungert, und schläft, wenn sein Auge dunkel wird. Sehet, es kroch so nackt und weich in die Welt wie ihr und wird so hart und steif hinausgetragen wie ihr ... / Der Fürst ist der Kopf des Blutigels, der über euch hinkriecht ... Geht einmal nach Darmstadt und seht, wie die Herren sich über euer Geld dort lustig machen ... / Das alles duldet ihr, weil euch Schurken sagen; diese Regierung sei von Gott. Diese Regierung ist nicht von Gott, sondern vom Vater der Lügen. Diese deutschen Fürsten sind keine rechtmäßige Obrigkeit, sondern die rechtmäßige Obrigkeit, den deutschen Kaiser ... haben sie seit Jahrhunderten verachtet und endlich gar verraten ... Die Heilige Schrift sagt: ›Gebet dem Kaiser, was des Kaisers ist.‹ Was

Wer das Exil nicht kennt, begreift nicht, wie grell es unsere Schmerzen färbt, und wie es Nacht und Gift in unsere Gedanken gießt. Dante schrieb seine Hölle im Exil. Nur wer im Exil gelebt hat, weiß auch, was Vaterlandsliebe ist, Vaterlandsliebe mit all ihren süßen Schrecken und sehnsüchtigen Kümmernissen!

Heinrich Heine (HKA 1973ff, Bd. 11, 105)

Durch ein Dekret meiner heimischen Regierung wurden nicht bloß alle Schriften verboten, die ich bisher geschrieben, sondern auch die künftigen, alle Schriften, welche ich hinführo schreiben würde; mein Gehirn wurde konfiszirt, und meinem armen unschuldigen Magen sollten durch dieses Interdikt alle Lebensmittel abgeschnitten werden. *(Ebd., Bd. 14, 71)*

aber ist dieser Fürsten, der Verräter? – Das Teil von Judas! /
Für die Landstände 16000 Gulden.«

Der Rest der Flugschrift bemüht sich, dem Leser in einfacher und einleuchtender Weise die Geschichte der Französischen Revolution und ihre Auswirkungen auf Deutschland nahezubringen. Entscheidend ist, daß Büchner prinzipiell demokratisch argumentiert. »Die höchste Gewalt ist in dem Willen aller und der Mehrheit. Dieser Wille ist das Gesetz, er tut sich kund durch die Landstände ..., sie werden von allen gewählt, und jeder kann gewählt werden.« Weidig, dessen Demokratiebegriff keineswegs so weit reicht wie Büchners, hat diese Textstelle gelten lassen; unter anderem wohl deshalb, weil sich der »Willen aller« zu Beginn des 19. Jahrhunderts selbstredend nicht auf alle Menschen bezieht, sondern nur auf den im weitesten Sinne bürgerlichen Teil der Gesamtbevölkerung.

Im weiteren Verlauf des ›Landboten‹ wird erläutert, wie die deutschen Fürsten strategisch geschickt auf einen Teil ihrer Macht verzichten, um den größten Teil dieses Einflusses zu behalten. »Und sie traten vor das Volk und sprachen: Wir wollen euch die Freiheit schenken, um die ihr kämpfen wollt. Und zitternd vor Furcht warfen sie einige Brocken hin und sprachen von ihrer Gnade. Das Volk traute ihnen leider und legte sich zur Ruhe. – Und so ward Deutschland betrogen wie Frankreich.« Denn die wirkliche Macht habe nach wie vor der Großherzog, »er hat das Recht, Kriege zu führen, und ausschließliche Verfügung über das Militär. Er beruft die Landstände, vertagt sie oder löst sie auf«.

Die insgesamt komplexe Argumentation des Textes läßt es glaubwürdig erscheinen, daß Georg Büchner nicht die Hoffnung hegt, mit seiner Schrift ein Revolutionsfanal in die Welt zu bringen. Die heute undifferenziert anmutende Vermen-

78

50 Karikatur auf einen Flugblattverteiler. Federzeichnung von Ernst Elias Niebergall, 1835

gung von Geschichtsbuch und Bibel taugt in der Tat allenfalls dazu herauszufinden, wie kritisch und widerstandswillig ihre Leserschaft ist. Für Ludwig Weidig dagegen hat die Flugschrift einen missionarisch-agitatorischen Charakter. Vor allem seine Rückgriffe auf den Kaisergedanken und die Schonung der konstitutionellen Bürgerfraktionen zeugen davon, daß sich Weidigs Hoffnungen vermutlich auf eine unmittelbare Wirkung des Pamphlets im Sinne seiner Heilslehre richten. Auch gelingt es ihm, die Legitimation seiner eigenen politischen Funktion als Revolutionär zu

51 Karl Minnigerode. Fotografie, um 1850

untermauern: »Wann der Herr euch seine Zeichen gibt durch die Männer, durch welche er die Völker aus der Dienstbarkeit zur Freiheit führt, dann erhebet euch, und der ganze (Volks-)Leib wird mit euch aufstehen.« Das klingt eher nach dem berufenen Weidig als nach dem suchenden Büchner. Im übrigen ist zu erwähnen, daß Weidigs Überarbeitung des Textes ohne Rücksprache mit Georg erfolgt, der darüber, wie August Becker berichtet, »außerordentlich aufgebracht« ist, was verständlich erscheint. Für einige Zeit, nach Büchners Rückkehr aus Straßburg, bleibt die Atmosphäre zwischen Weidig und ihm recht kühl. Schließlich aber bietet Georg dennoch seine Mithilfe an und macht sich Anfang Juli 1834 gemeinsam mit einem Kommilitonen von Gießen aus auf den Weg nach Butzbach, um das druckfertige Manuskript bei Weidig abzuholen. In Butzbach verstecken sie die Papiere in zwei Botanisiertrommeln, die die beiden Studenten wie arg-

☛ Wolfram Siemann: Deutschlands Ruhe, Sicherheit und Ordnung. Die Anfänge der politischen Polizei 1806–1866. Tübingen 1985.

lose Naturkundler erscheinen lassen, und tragen sie nach Offenbach zur Druckerei des Karl Preller.

Ende Juli ist der Druck des ›Hessischen Landboten‹ in einer Auflage von »etwa 1200 bis 1500« Exemplaren fertiggestellt. Am 1. August wird der Jurastudent Karl Minnigerode bei dem Versuch, über 100 Exemplare nach Gießen zu schmuggeln, verhaftet. Einen Tag später erläßt das Darmstädter Hofgericht einen Haftbefehl gegen den mutmaßlichen Verfasser des ›Hessischen Landboten‹, Georg Büchner. Büchner und Minnigerode sind Opfer desselben Verräters und Butzbacher Vertrauten Weidigs, Johann Conrad Kuhl, der bereits den Zeitpunkt des Frankfurter Wachensturms an die Behörden übermittelt hat und so endgültig als historischer Denunziant erster Güte in die deutsche Geschichte eingeht.

Ende März fährt Georg von Gießen nach Straßburg. Von dort reist er erst nach Ostern weiter nach Darmstadt. Den sechzehntägigen Aufenthalt in Straßburg hält er der Familie gegenüber geheim. Es ist vielleicht auch eine Revolte gegen die familiären Zwänge, eine Reaktion auf die schmerzvolle Trennung von Minna und eine Folge der gesamten psychischen und weltanschaulichen Krise zu Beginn des Gießener Studiums.

In einem Brief an Minna erklärt er sich kurz vor der Abreise nach Straßburg bereit, das Geheimnis ihrer Verlobung preiszugeben. Minna selbst hat aus verständlichen Gründen darauf gedrängt. In ihrer Rolle eines »späten Mädchens« hat sie den Wunsch, wenigstens ihrem Vater gegenüber mit offenen Karten spielen zu können. Georg wiederum muß geahnt haben, daß sein Vater über eine Verbindung mit der protestantischen Pfarrerstochter alles andere als begeistert sein würde.

Da Georg für die heimliche Straßburgreise das Geld fehlt, bittet er seinen Vater um Zusendung von 22 Gulden, mehr, als er für die Fahrt von Gießen direkt nach Darmstadt brau-

Ich war im Aeußeren ruhig, doch war ich in tiefe Schwermuth verfallen; dabey engten mich die politischen Verhältnisse ein, ich schämte mich, ein Knecht mit Knechten zu seyn, einem vermoderten Fürstengeschlecht und einem kriechenden Staatsdiener-Aristocratismus zu Gefallen. Ich komme nach Gießen in die niedrigsten Verhältnisse, Kummer und Widerwillen machen mich krank.

An die Familie in Darmstadt, Straßburg, um den 30. März 1834

chen würde. Zusätzlich schreibt er seinem Onkel, daß dieser ihm ebenfalls 20 Gulden schicken solle. Dieser Onkel erfährt von der ersten Geldsendung und schickt nichts, woraufhin Büchner ihm einen zweiten Brief schreibt, auf den hin der Onkel 17 Gulden übersendet und bereits die Überfälligkeit des Neffen in Darmstadt beklagt. Georg besitzt nun fast 40 Gulden, mit denen er schließlich nach Straßburg fährt. Die Familie muß den Geburtstag Ludwigs und das Osterfest ohne Georg und durchaus in Sorge feiern, denn ein paar Tage lang kann sich niemand erklären, wieso er nicht, wie offensichtlich verabredet, den ›Giesener Briefcourier‹ genommen hat und rechtzeitig vor Ostern in Darmstadt eingetroffen ist. Endlich schreibt er aus Straßburg, offenbart sich und seine Beziehung mit Minna und versetzt damit der Familie, vor allem aber dem Vater einen gehörigen Schock. Als er schließlich in Darmstadt eintrifft, kommt es sofort zur Auseinandersetzung mit dem Vater. Ernst Büchner fühlt sich (zurecht) betrogen und belogen. Man findet einen Kompromiß: Die Verbindung mit Wilhelmine wird akzeptiert, dafür erklärt sich Georg bereit, das »Brotstudium« der Medizin im Sinne des Vaters zu Ende zu bringen.

Noch während sich Georg in Straßburg aufhält, werden dort die Auswirkungen des Aufruhrs gegen die Julimonarchie spürbar. Zwar kommt es nicht, wie in Paris und Lyon, zu bewaffneten Aufständen, aber der republikanische Widerstand erlebt auch hier im Frühjahr 1834 seinen Höhepunkt. Georgs Abreise nach Darmstadt erfolgt genau zu dem Zeitpunkt, als die Pioniere des Artilleriecorps und die Elitesoldaten des 19. Linienregiments aufeinanderprallen. Die schlechte Nachrichtenlage verhindert eine organisierte Reaktion der Opposition. Post

> Was ist der Grund, warum von den Deutschen, die nach Frankreich herüber gekommen, so viele in Wahnsinn verfallen? Die meisten hat der Tod aus der Geistesnacht erlöst; andere sind in Irrenanstalten gleichsam lebendig begraben; viele auch, denen ein Funken von Bewußtseyn geblieben, suchen ihren Zustand zu verbergen, und geberden sich halbwegs vernünftig, um nicht eingesperrt zu werden. Dies sind die Pfiffigen; die Dummen können sich nicht lange verstellen. Die Anzahl derer, die mit mehr oder minder lichten Momenten an dem finstern Uebel leiden, ist sehr groß, und man möchte fast behaupten, der Wahnsinn sey die Nationalkrankheit der Deutschen in Frankreich.
>
> *Heinrich Heine (HKA Bd. 14, 265)*

und Telegraphen arbeiten nicht. Zwar denken führende Mitglieder der ›Société‹ daran, in dieser Lage die Republik auszurufen, aber die politische Koordination aller Oppositionellen ist zu mangelhaft; das allgemeine Chaos behält die Oberhand.

Als Georg in Darmstadt eintrifft und die gefürchtete Auseinandersetzung mit dem Vater durchsteht, schwächt das nicht seine politische Aktionsbereitschaft. In der relativ kurzen Zeit bis zur Abreise nach Gießen gründet Georg einen Ableger der ›Gesellschaft der Menschenrechte‹, der seine Instruktionen wenig später aus Gießen erhält. Die kleine Sektion hat zwischen sieben und neun Mitglieder und entspricht genau Georgs Auffassung, daß eine umfassende soziale Revolution nur durch die Bildung solcher kleineren autonomen Einheiten in die Wege geleitet werden könne.

Die Darmstädter Sektion trifft sich konspirativ an ständig wechselnden Tagungsorten, einmal im Gartenhaus eines Schmiedes, ein anderes Mal in einem halbverfallenen Häuschen am Stadtrand. Die Aufnahme der Mitglieder erfolgt formlos, indem eine »Erklärung der Menschenrechte« verlesen wird, die mit der Verpflichtung schließt, alle Kräfte für die Wahrung der Menschenrechte einzusetzen. Die Gespräche drehen sich um die Vorbereitung der Revolution, weniger um Fragen politi-

52 Burg-Kaserne und Predigerseminar in Friedberg. Stahlstich von L. Robock, nach einer Zeichnung von R. Höfle, um 1840. Hier saßen einige der Verhafteten des Büchner-Weidig-Kreises in Untersuchungshaft

scher Inhalte. Die Agitationsmethoden konzentrieren sich auf die Erstellung und Verbreitung von Flugschriften, wobei einzelne Mitglieder offenbar nicht nur an die »Macht der Feder« glauben, sondern sich auch »sehr eifrig in den Waffen« üben.

Büchners politisches Ziel ist eine egalitäre Republik auf der Basis ökonomischer Gütergemeinschaft, die allein die Würde des Menschen zu sichern imstande sei. Der Umsturz der bestehenden Staatsgewalt, eine republikanische Verfassung und die Herstellung der Einheit Deutschlands – so lauten allerdings nicht nur Büchners drei Hauptforderungen, sondern die

53 Gustav Clemm, 1814–1866. Fotografie nach einem Ölgemälde, um 1845

fast aller im Untergrund operierenden Oppositionellen im Umkreis der ›Gesellschaft‹. Büchners spezielle Auffassung zielt auf eine radikale Gleichstellung aller Menschen auch im ökonomischen und Eigentumssinne. In diesem Punkt denkt er politisch durchaus fortschrittlich, indem er auf Forderungen radikaler Flügel der Französischen Revolution zurückgreift, nicht aber deren Fehler wiederholt, atheistisch zu agitieren. Vielmehr erkennt er den enormen Einfluß der Religion auf das Denken und Empfinden der meisten Menschen und sieht in ihr den »Fels, auf dem man das Blutgerüst für die Tyrannen und Altäre für die Freiheit bauen« könne.

Rechtzeitig zum Vorlesungsbeginn für das Sommersemester trifft Georg Ende April wieder in Gießen ein. Auch hier macht er sich sofort an die Gründung einer ›Gesellschaft für Menschenrechte«, die vom Umfang ihrer Mitglieder her nicht

☛ Walter Grab / Uwe Friesel: Noch ist Deutschland nicht verloren. Eine literarisch-politische Analyse unterdrückter Lyrik von der Französischen Revolution bis zur Reichsgründung. München 1970

größer ist als die Darmstädter Sektion und auch zeitlich nicht über den Sommer hinaus bestehen bleibt.

Wie ernst es den wenigen Gesinnungsgenossen Georgs dennoch ist und wie labil zugleich ihr Zusammenhalt, zeigt die Forderung des Gießener Küfermeisters David Schneider, der den Bruch der Verpflichtung zur Verschwiegenheit mit der Todesstrafe geahndet wissen möchte, dergestalt, »daß jedem Mitglied die Verbindlichkeit auferlegt werde, denjenigen zu ermorden, welcher das von allen anzugelobende Geheimhalten der Verbindung und des darin Verhandelten nicht beobachte«. Bereits im Juli schrumpft die Gruppe wieder auf den harten Kern zurück: Georg Büchner, August Becker, Hermann Trapp und Gustav Clemm – der im Frühjahr 1835 einen so umfassenden Verrat begehen wird, daß in der Folge 50 Personen inhaftiert werden, wobei Ludwig Weidig nach über zweijähriger Haft im Gefängnis den Tod findet.

Ein weiterer Grund für die Auflösung der Gießener Sektion sind Differenzen, die im Hintergrund mit dem Einfluß Weidigs zu tun haben. Während Büchner überzeugt ist, daß nur straff organisierte, autonom handelnde ›Gesellschafts‹-Sektionen die revolutionäre Sache vorantreiben können, glauben Weidig und dessen Anhänger in Georgs ›Gesellschaft‹, es genüge bereits, wenn sich Oppositionelle unterschiedlicher ideologischer Herkunft nur treffen und gemeinsam oppositionell handeln, was immer auch darunter zu verstehen ist. Wie viele solcher ideologischen Auffassungen virulent sind, zeigt die Bildung von Geheimbünden unterschiedlicher Coleur (wie etwa das ›Junge Deutschland‹), wo sich Handwerker zusammenschließen und, »das Felleisen auf dem Rücken, ein paar Batzen in der Tasche, den Knotenstock in der Hand, wandernd von Berlin nach Constanz, von Wien

84

☛ Johannes Proelß: Das Junge Deutschland. Ein Buch deutscher Geistesgeschichte. Stuttgart 1982

nach Hamburg«, ihre Propaganda betreiben. Und auch das Wiederaufleben der Burschenschaften zieht Kräfte ab, zersplittert die politischen Richtungen und schwächt damit die oppositionelle Bewegung als Ganzes.

Ein Teil dieses Prozesses ist auch die Gründung des ›Preßvereins‹ durch Ludwig Weidig und andere Republikaner Anfang Juli 1834 in Badenburg. Auch Büchner nimmt teil. Für den ›Preßverein‹ ist die agitatorische Flugschrift das Hauptwerkzeug, hierin sind sich Weidig und der Büchner einig. Aber während Georg ausdrücklich den »Kampf der Armen gegen die Reichen« als Ziel sieht, vertritt Weidig einen gemäßigten Kurs und setzt auf das Zusammenspiel aller oppositionellen Kräfte in der Hoffnung auf eine revolutionäre Bewegung, die wie ein Deus ex machina von selbst losbrechen und eine politische Kräfteverschiebung nach sich ziehen werde – wohl zu unterscheiden von Georgs Ziel einer sozialen Revolution mit grundlegend veränderten Besitzverhältnissen. Zwei Tage nach der Gründungsveranstaltung von Weidigs »Preßverein« machen sich Büchner und sein Kommilitone Jakob Schütz auf den Weg von Gießen nach Butzbach, um das Manuskript des ›Hessischen Landboten‹ abzuholen und zu der illegalen, versteckten Druckerei des Karl Preller nach Offenbach zu bringen.

Wie schon oben erwähnt, tarnen sie sich als Botaniker. In der Nacht zum 6. Juli überqueren sie zwei Landesgrenzen und den Main und haben ihren Auftrag am Nachmittag desselben Tages erfolgreich erledigt. Etwa drei Wochen später ist der ›Landbote‹ fertiggestellt. Am 30. Juli befinden sich Schütz und Karl

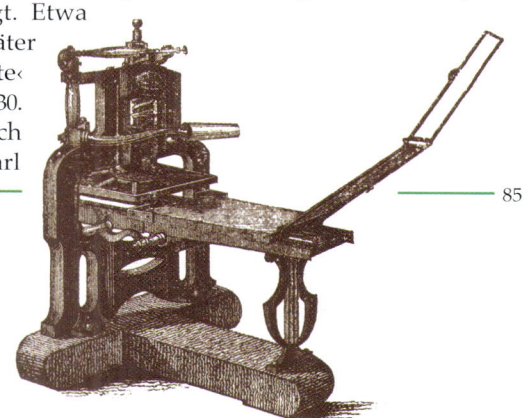

85

54 Druckpresse.
Stich, um 1837

Minnigerode auf dem Weg zu Weidig, der sie über den Ort der Entgegennahme der Druckexemplare in der Umgebung von Offenbach unterrichtet. Sie verbringen die Nacht bei Weidig. Am folgenden Abend läßt er sie ungesehen durch das Fenster nach draußen steigen mit dem Auftrag, »die Abdrücke des Landboten« von einem Zwischenlager auf einem abgelegenen Bauernhof abzuholen und teils nach Gießen, teils zurück nach Butzbach zu bringen.

Zur selben Zeit macht Johann Conrad Kuhl, der Vertraute Weidigs und von den Behörden bezahlte Verräter, eine anonyme Anzeige, »daß … die Studenten Minnigerode und Schütz nebst Carl Zeuner … die revolutionäre Druckschrift ›den Landboten‹ … von einem ›Reisenden‹ in Empfang« neben werden. Die Denunziation löst sofort eine Kette polizeilicher Maßnahmen aus, die darauf abzielen, Minnigerode mitsamt seiner Schmuggelware, die er, teils in seinen Stiefeln versteckt, teils in die Kleidung eingenäht, mit sich führt, bei seinem Eintreffen in Gießen am Selterstor aufzugreifen und dem Universitätsrichter Georgi vorzuführen, was dann auch geschieht. Minnigerode wird von drei amtlichen Personen quer durch die Stadt zu Georgis Wohnung gebracht und dort einem Verhör unterzogen. Später werden seine Schränke und die Tür seines Studentenzimmers versiegelt. Natürlich bleibt die Festnahme in der Stadt nicht verborgen, und noch in derselben Nacht, die der Verhaftete unter Bewachung in der Wohnung des Universitätsrichters verbringt, versammeln sich einige Kommilitonen unter Georgis Fenster und veranstalten eine gehörige Katzenmusik, um ihre Mißbilligung des Vorgangs lautstark zum Ausdruck zu bringen.

Zwei Stunden nach Minnigerodes Festnahme machen sich Büchner und Zeuner auf den Weg nach Butzbach, um Weidig und die anderen zu warnen. Von Butzbach aus geht

86

Ich benutze jeden Vorwand, um mich von meiner Kette loszumachen. *Freitag Abends* ging ich von Gießen weg; ich wählte die Nacht der gewaltigen Hitze wegen, und so wanderte ich in der lieblichsten Kühle unter hellem Sternenhimmel, an dessen fernstem Horizonte ein beständiges Blitzen leuchtete. Theils zu Fuß, theils fahrend mit Postillonen und sonstigem Gesindel, legte ich während der Nacht den größten Theil des

Georg allein weiter nach Offenbach, um dort Jakob Schütz von dem Vorfall in Kenntnis zu setzen. Die kleine Reise ist ein riskantes Unterfangen. Seit etwa einem Jahr besteht im Großherzogtum auch für Kurzreisende strenge Meldepflicht, also Eintragung ins jeweilige Fremdenbuch und Meldung bei der örtlichen Polizei. Die Bewegungsfreiheit der Studenten steht zudem unter der scharfen Kontrolle des Universitätsrichters (Georgi); ohne dessen Paß sie die Stadt gar nicht erst verlassen dürfen. Sowohl die Brücke über den Main in Offenbach als auch die Rheinbrücke in Mainz wimmeln vor Agenten, die jeden anhalten, dessen äußere Erscheinung einen Studenten vermuten läßt, ihn überprüfen und, wenn erforderlich, auch verhaften können.

Georg hat für den Notfall eine nachprüfbare Erklärung für seine Reise. Eugène Boeckel hat ihn brieflich nach Frankfurt eingeladen; aufgrund der Maßnahmen von Georgs Vater die heimlichen Reisen des Sohnes betreffend, hat Georg die Einladung jedoch abschlägig beantworten müssen. Nun fährt er dennoch nach Frankfurt, wohnt bei Verwandten und schreibt auch den Eltern einen Brief, offenbar in der Überzeugung, daß es keinerlei Indizien gegen ihn gibt.

Was er auf seinem Weg nach Offenbach und dann in Frankfurt nicht wissen kann, ist, daß der Verräter Kuhl bereits am 2. August eine weitere Anzeige gemacht hat, in der er ihn, Georg Büchner, als Verfasser des ›Hessischen Landboten‹ denunziert. Die Folge ist eine Verfügung des Ministeriums, die am 3. August in Gießen eintrifft und die Mitteilung an den Universitätsrichter Georgi enthält, daß der Student Büchner »alsbald verhaftet und seine Effecten unter Siegel gelegt werden« sollen. Georgi setzt die Anweisung, ohne rechte Beweise zu haben und daher nur halb legal, in die Tat um und protokolliert, daß »in der Stube selbst …

Wegs zurück. Ich ruhte mehrmals unterwegs. Gegen Mittag war ich in Offenbach. Den kleinen Umweg machte ich, weil es von dießer Seite leichter ist, in die Stadt zu kommen, ohne angehalten zu werden. Die Zeit erlaubte mir nicht, mich mit den nöthigen Papieren zu versehen.

An die Familie in Darmstadt, Frankfurt, den 3. August 1834

noch ein unberührtes Frühstück [stand] und es wurde der ganze Gelaß genau durchsucht, und mehrfache Literalien, die Bescheinigung für die Charakteristik der inneren und äußeren Richtung des Gesuchten liefern, zu den Acten genommen, etwas dem in Rubro [= in der Akte] angedeuteten Aehnliches aber nicht gefunden.«

Als Georg am Morgen des 5. August wieder in Gießen eintrifft und von der Durchsuchung seines Zimmers erfährt, entscheidet er sich zur Flucht nach vorne. Er meldet sich unverzüglich bei Georgi und protestiert gegen dessen illegales Vorgehen. Das mutige Auftreten verunsichert den Universitätsrichter so weit, daß er von einer Verhaftung Büchners absieht. Die Überzeugung, daß Büchner dennoch irgendwie in den Fall Minnigerode verwickelt sein müsse, gibt Georgi allerdings nicht auf, und Georg erfährt nie, wie knapp er der Verhaftung entkommen ist.

In der folgenden Woche läßt Georgi sämtliche Angaben Büchners zu seiner Reise nach Offenbach überprüfen und verfügt nach Abschluß der Ermittlungen, »den Büchner, sobald es verlangt werde, zur gerichtlichen Vernehmung zu sistiren.« Georg ahnt nichts davon, er fühlt sich sicher und beschreibt in einem empörten Brief an die Familie, was ihm in Gießen widerfahren ist: »Auf mein Verlangen wurden die Siegel sogleich abgenommen, auch gab man mir meine

Bekanntmachungen.

1628) [Darmstadt.] Steckbrief. Der hierunter signalisirte Georg Büchner, Student der Medicin aus Darmstadt, hat sich der gerichtlichen Untersuchung seiner indicirten Theilnahme an staatsverrätherischen Handlungen durch die Entfernung aus dem Vaterlande entzogen. Man ersucht deßhalb die öffentlichen Behörden des In= und Auslandes, denselben im Betretungsfalle festnehmen und wohlverwahrt an die unterzeichnete Stelle abliefern zu laffen.

Darmstadt, den 13. Juni 1835.

Der von Großherzogl. Heff. Hofgericht der Provinz Oberheffen bestellte Untersuchungsrichter, Hofgerichtsrath Georgi.

Personal=Beschreibung.

Alter: 21 Jahre,
Größe: 6 Schuh, 9 Zoll neuen Heffischen Maases,
Haare: blonde,
Stirne: sehr gewölbt,
Augenbraunen: blonde,
Augen: graue,
Nase: stark,
Mund: klein,
Bart: blond,
Kinn: rund,
Angesicht: oval,
Gesichtsfarbe: frisch,
Statur: kräftig, schlank,
Besondere Kennzeichen: Kurzsichtigkeit.

Papiere (nichts als Briefe von Euch und meinen Freunden) zurück, nur einige französische Briefe … wurden zurückgehalten, wahrscheinlich, weil die Leute sich erst einen Sprachlehrer müssen kommen lassen, um sie zu lesen. Ich bin empört über ein solches Benehmen, es wird mir übel, wenn ich meine heiligsten Geheimnisse in den Händen dieser schmutzigen Menschen denke … Auf einen vagen Verdacht hin verletzte man die heiligsten Rechte … unter meinen

89

◀ 55 Die Badenburg bei Gießen. Stahlstich von Umbach nach einer Zeichnung von Weber, um 1850. Im Juli 1834 erfolgte die Gründung des »Preßvereins«, der es sich zur Aufgabe machte, weiterhin für die Verbreitung von Flugschriften zu kämpfen.

56 Büchners Steckbrief in der ›Großherzoglich Hessischen Zeitung‹ vom 13. Juni 1835

Papieren befindet sich keine Zeile, die mich compromittiren könnte. Ihr könnt über die Sache ganz unbesorgt sein. Ich bin auf freiem Fuß und es ist unmöglich, daß man einen Grund zur Verhaftung finde.«

Drei Tage später, am 8. August, schreibt er: »Das Verletzen meiner heiligsten Rechte und das Einbrechen in alle meine Geheimnisse, das Berühren von Papieren, die mir Heiligthümer sind, empörten mich zu tief, als daß ich nicht jedes Mittel ergreifen sollte, um mich an dem Urheber dieser Gewaltthat zu rächen. Den Universitätsrichter habe ich mittelst des höflichsten Spottes fast ums Leben gebracht … Sollte man … mich … festnehmen, in Gottes Namen! ich kann so wenig darüber hinaus, und es ist dies so wenig meine Schuld, als wenn eine Heerde Banditen mich anhielte, plünderte oder mordete. Es ist Gewalt, der man sich fügen muß, wenn man nicht stark genug ist, ihr zu widerstehen; aus der Schwäche kann Einem kein Vorwurf gemacht werden.«

Bis Ende August bleibt Georg unbehelligt. Insbesondere der Vater hegt allerdings den Verdacht (ähnlich wie auch Georgi), daß sein Sohn durchaus in die ›Landboten‹-Affäre verwickelt ist und es natürlich nur nicht zugeben will. Der Steckbrief, der auf Veranlassung des Universitätsrichters erstellt wird, ist ein behördeninternes Papier, gelangt also nicht automatisch in die Sichtweite der zivilen Bevölkerung. Zwar finden zwischen Gießen und Offenbach weiterhin Zeugenbefragungen und Verhöre statt, aber nichts davon entlarvt Georg Büchner als direkten Gesinnungsgenossen Minnigerodes.

Während die Ermittlungen weiterlaufen, gibt es für Weidig und seine Verbündeten des Badenburger ›Preßvereins‹ viel zu tun. Zum einen wird die Flucht Jakob Schütz' organisiert, zum anderen ist zu entscheiden, was mit den restlichen ca. 800 Exemplaren des ›Landboten‹ geschehen soll. Im übrigen

90

Herr Du-Thil mit der Eisenstirn
und Schreinermeister Kraus in Butzbach
Mel.: Ich bin der Doktor Eisenbart etc.

Ein Leuchter leuchtet durch das Land,
der Hessen Nothwehr auch genannt;
Was der Minister lügt und trügt,
Wird durch den Leuchter streng gerügt.

ist der ›Landbote‹ gemäß den Badenburger Beschlüssen nur
der Auftakt einer ganzen Flugschriftenserie, was wiederum
die Frage aufwirft, ob man den agitatorischen Tonfall des
›Landboten‹ zukünftig beibehalten oder verändern soll.

Die Auffassungen hierüber fallen sehr unterschiedlich aus.
Insgesamt aber wird die rhetorische Schärfe in Büchners
Text, auch nach den dämpfenden Eingriffen Weidigs, abgelehnt und eine vorsichtigere Gangart favorisiert. Freilich än-
dert dies nichts daran, daß der ›Landbote‹ unters Volk
kommt. Verteiler legen ihn auf Fensterbretter, in Hausein-
gänge, verabredete Briefkästen oder einfach an den Weg-
rand. Die Revolution wird dadurch allerdings nicht entfacht.

Aber man spricht über das Gelesene. Bereits im November
kommt es auf Betreiben Weidigs zum Druck einer 2. Auflage
in Höhe von 400 Exemplaren, die im Verlauf des Dezember
»an Häusern und auf Straßen niedergelegt« werden. Weidig
hat die neue Auflage noch einmal bearbeitet und mit einigen
Zusätzen versehen. Insgesamt kommen 1150 Exemplare des
›Hessischen Landboten‹ buchstäblich unters Volk, von denen
nur sehr wenige von zwei pflichtgetreuen Dorfbürgermeistern
und einigen Schulkindern freiwillig an die Behörden weiterge-
geben und zur Anzeige gebracht werden. Der Rest kursiert als
die, wie es die ›Bundes-Central-Behörde‹ besorgt formuliert,
»bei weitem gefährlichste und strafbarste [Flugschrift] …, welche geradezu zum Umsturz des Bestehenden auffordert«. Im
Grunde tritt das ein, was Büchner gehofft und erwartet hat.
»Das Volk spricht mit.« Und so hat es schon zuvor im Juni
mitgesprochen, als nach Aussetzung einer Belohnung von
1000 Gulden auf die Entdeckung der illegalen Druckerpresse,
mit der Weidigs ›Leuchter‹ hergestellt wurde, im Haus des
Schreiners Johannes Kraus in Butzbach eine Durchsuchung
stattfand. Das Ganze ist in Absprache mit Weidig lanciert

Herrn Du-Thil macht es viel Verdruß,
Daß er den Leuchter dulden muß;
Es kränkt ihn, daß die Welt erfährt,
Wie frech er sich den Sold vermehrt.

Herr Du-Thil hat ein' Eisenstirn,
Herr Du-Thil hat ein kluges Hirn;
Wohl läßt er seine Unken schrei'n:
Den Pabst, den Schacht, den Breidenstein.

worden, um der Polizei eine Blamage zu verschaffen. Ausge-
dacht hat sich den Streich ausgerechnet der Verräter Kuhl, der
auf diese Weise von sich selbst ablenken wollte. Was sich
während der Hausdurchsuchung bei Kraus ereignet hat, schil-
dert Georg in einem Brief an die Familie so:

»A propos, wißt Ihr die hübsche Geschichte vom Herrn Commissär …? Der gute Columbus sollte in X… bei einem Schreiner
eine geheime Presse entdecken. Er besetzt das Haus, dringt ein.
›Guter Mann, es ist Alles aus, führ’ Er mich nur an die Presse.‹ –
Der Mann führt ihn an die Kelter. ›Nein, Mann! Die Presse! Die
Presse!‹ – Der Mann versteht ihn nicht, und der Commissär
wagt sich in den Keller. Es ist dunkel. ›Ein Licht, Mann!‹ – ›Das
müssen Sie kaufen, wenn Sie eins haben wollen.‹ – Aber der
Herr Commissär spart dem Lande überflüssige Ausgaben. Er
rennt, wie Münchhausen, an einen Balken, er schlägt Feuer aus
seinem Nasenbein, das Blut fließt, er achtet nichts und findet
nichts. Unser lieber Großherzog wird ihm aus einem Civilver-
dienstorden ein Nasenfutteral machen.«

Die Pointe des Ganzen ist, daß es sich bei dem tapferen
»Commissär« um einen Verwandten Büchners handelt, nämlich um Friedrich von Bechthold, der als Großherzoglicher
Regierungsrat mit dem Fall betraut war, in dessen Folge er
zum belächelten Helden eines Spottgedichts wurde, das noch
nach 1900 in Butzbach und Umgebung zu hören war.

Im September 1834, nach Abschluß des Sommersemesters, kehrt
Georg nach Darmstadt zurück und bleibt auf Betreiben des
Vaters das Wintersemester über in der Residenz, wo er, wie
sein erster Biograph, Karl Emil Franzos, schreibt, auf seiner
Stube »interniert« gewesen sei und »wie im Kerker« gelebt
habe. Offenbar haben Georgs briefliche Unschuldsbekundun-
gen und seine Ablenkungsmanöver nicht die erhoffte Wirkung

92

Wohl bot er tausend Gulden Lohn,
Zeigt ihm den Leuchter ein Spion.
Da kommt ein Brief: in Butzbach sey
Des schlimmen Leuchters Druckerei.

Wie schnell er zu Herrn Knapp da lief!
Frohlockend zeigt er ihm den Brief.
Herr Bechtold ward gesandt zur Stund’
Gen Friedberg als ihr Schnüffel-Hund.

gehabt. Einziger Lichtblick in dieser Zeit ist ein Besuch Minnas, die in Begleitung einer Anstandsdame aus Straßburg anreist.

Ungeachtet dieser Darstellung steht fest, daß Georg im Herbst und Winter an mindestens zwei relativ aufwendigen konspirativen Aktivitäten Anteil hat, wie auch immer er sie aus seinem familiären Stubenarrest heraus realisiert haben mag: erstens bei den Bemühungen von Mitgliedern der Darmstädter ›Gesellschaft‹ um den Ankauf einer Druckpresse und zweitens bei dem personell und finanziell wesentlich weiter ausgreifenden Plan der Befreiung einiger Friedberger Gefangenen, insbesondere von Karl Minnigerode.

Um es vorwegzunehmen: Keines der beiden Projekte gelangt zur Realisation. Der Darmstädter Druckpressenkauf scheitert teils am Geld, teils an Weidigs Intervention, der wenig Interesse daran hat, daß sich der Druckort zukünftiger Flugschriften in Darmstadt und damit jenseits seines direkten Einflusses befindet. Während für den Kauf der Presse durch Georgs ›Gesellschaft‹ lediglich (zeitweise) ca. 100 Gulden, noch dazu in verschiedenen Händen, zur Verfügung stehen, beläuft sich der Spendenbetrag, mit dem die Gefangenen befreit werden sollen, auf immerhin (mehr als) 600 Gulden (über 10 000 DM), eine Summe, die zum größten Teil für die Bestechung des Wachpersonals des Friedberger Gefängnisses zur Verfügung steht. Schon kurz nach Minnigerodes Inhaftierung in Friedberg ist es Weidig gelungen, codierte Kassiber in Form winziger Papierröllchen in aufgebohrte Zuckerstücke zu verstecken und in dessen Zelle zu schmuggeln. Minnigerode (und seine Mitgefangenen) werden zwar auf dem laufenden gehalten, aber sein körperlicher Zustand verschlechtert sich zusehends und läßt die Flucht immer schwieriger werden.

Die eigentliche Befreiungsaktion ist bis ins kleinste vorbereitet. Durch Bestechung eines Knechts des Arresthaus-In-

Herr Camesasca sollt' ihn dort
Geleiten an den schlimmen Ort,
Der lange Peter, löwenkühn:
Allein der Kreisrath warnte ihn.

Ach Peter, Peter, bleib davon!
Nur Schimpf und Schande sind dein Lohn!
Denk, wie nach Steinfurt du gerückt,
Und dich der Ärger fast erstickt. *etc.*   *zit. nach J.-C. Hauschild, 1993, 351*

spektors werden Brotabdrücke von zwei Schlüsselbärten hergestellt, die den Zugang zu den Zellen ermöglichen. Für den
Fluchtweg stehen Seile zur Verfügung, mit denen die Gefangenen und ihre Helfer durch ein bestimmtes Fenster ins Freie
gelangen können. Zur Ausschaltung des Gefängniswärters
hält man eine Dosis Opium bereit, die, mit Wein eingenom-
men, »auf den Schlaf und nebenbei auch auf den Geschlecht-
strieb … wirken« soll, ohne der Gesundheit zu schaden. Für
den weiteren Fluchtweg stehen eine Kutsche, falsche Pässe
und unauffällige Verstecke zur Verfügung. Trotz dieser mi-
nutiösen Planung und einer großen Zahl von Helfern, die
über alle politisch unterschiedlichen Ansichten hinweg gemeinsam zu handeln bereit sind, kommt die Befreiungsaktion nicht zustande. Als die Ermittlungen der Behörden gegen
die Mitglieder des ›Preßvereins‹ und der ›Gesellschaft‹ über
die Jahreswende hinweg immer engmaschiger werden und
sich zudem Karl Minnigerodes Gesundheit in der Haft
zunehmend verschlechtert, wird die Befreiung der Friedberger im Frühjahr 1835 endgültig aufgegeben. Zu diesem Zeitpunkt befindet sich Georg bereits auf der Flucht. Im Februar
hat er eine Vorladung des Friedberger Untersuchungsrichter
erhalten, der er sich entzog. Erneut wird steckbrieflich nach
ihm gefahndet. In der Tat weiß niemand, wo er sich in diesen
Wochen versteckt hält.

Am 6. März flieht er über Wissenbourg nach Straßburg, wo
er sich am 12. März unter dem Namen Jacques Lutzius bei
den Behörden meldet.

»Ich bin kein Guillotinenmesser.«

Vor seiner Flucht nach Straßburg, etwa Mitte Januar 1835, beginnt Büchner die Niederschrift von ›Danton's Tod‹. Außer dem Bruder Wilhelm weiß niemand in der Familie von dem Manuskript, dessen Bögen unter den Büchern und Exzerpten für das medizinische Examen versteckt liegen. Am 21. Februar läßt Georg jedenfalls das Manuskript in aller Eile von Wilhelm auf die Post bringen, um es dem Frankfurter Verleger Johann David Sauerländer vorzulegen. In dem Manuskriptpaket befindet sich neben dem Begleitschreiben an Sauerländer ein Brief an den Literaturkritiker Karl Gutzkow mit der Bitte um möglichst schnelle Lektüre und Antwort. Georg weiß, daß er nicht mehr lange in Darmstadt bleiben kann. Das Netz der politischen Verfolger zieht sich immer enger zusammen.

Mit großer Wahrscheinlichkeit hat Büchner den Plan für das Revolutionsdrama bereits seit über einem Jahr mit sich »herumgetragen«, möglicherweise auch in Skizzen schon entworfen und teilweise ausgeführt. Daß er mit der Realisierung lan-

ge gezögert hat, mag einerseits der Mangel an Zeit und Gelegenheit gewesen sein, sich neben dem Studium und der politischen Betätigung noch mit dieser schriftstellerischen Herausforderung inten-

57 Georges Danton (1759–1794), mit Desmoulins und Marat Gründer des radikalen Clubs der Cordeliers, eröffnete mit den »Septembermorden« von 1792 die Schreckensherrschaft und rief auch das Revolutionstribunal ins Leben. Zeichnung von P. A. Wille: ›Danton sur le chemin de l'exécution sanguine‹

siv zu beschäftigen; andererseits scheinen ihn aber auch die Schwierigkeiten im Hinblick auf Aufbau und Form des Stückes vom Schreiben abgehalten zu haben.

»Der dramatische Dichter«, schreibt er später der Familie, »ist in meinen Augen, nichts als ein Geschichtsschreiber ... [der] die Geschichte zum zweiten Mal erschafft und uns gleich unmittelbar ... in das Leben einer Zeit hineinversetzt, ... Seine höchste Aufgabe ist, der Geschichte, wie sie sich wirklich begeben, so nahe als möglich zu kommen.«

Natürlich hat auch Büchner gewußt, daß ein Drama eine Handlung benötigt und daß sich die Charaktere des Stückes im Vollzug dieser Handlung verändern müssen, damit die Handlung nachvollziehbar wird. Dennoch gibt es in ›Danton's Tod‹ keine dramatische Handlung im konventionellen Sinne. Der Autor betätigt sich in erster Linie als Rhetor und dementsprechend weniger als ›Architekt‹. Alle Figuren sind schon zu Beginn des Stückes ausgeformt und fungieren in seinem weiteren Verlauf nur mehr als Vertreter ihrer jeweiligen politischen und psychologischen Standorte. Anstatt eine dramatische Handlung zu erfinden, polarisiert Büchner – fast wie in einer Collage – die unterschiedlichen historischen Ansätze und Positionen. Auch die historische Wirklichkeit bietet dem Betrach-

Geehrtester Herr!
Ich gebe mir die Ehre Ihnen mit dießen Zeilen ein Manuscript zu überschicken. Es ist ein dramatischer Versuch und behandelt einen Stoff der neueren Geschichte. Sollten Sie geneigt seyn das Verlag desselben zu übernehmen, so ersuche ich Sie mich so bald als möglich davon zu benachrichtigen, im entgegengesetzten Falle aber das Manuscript an die Heyerische Buchhandlung dahier zurückgehn zu lassen.

Sie würden mich sehr verbinden, wenn Sie dem Herrn Karl Guzkow den beygeschloßnen Brief überschicken und ihm das Drama zur Einsicht mittheilen wollten.

Haben Sie die Güte eine etwaige Antwort in einer Couverte mit der Adresse: an Frau Regierungsrath Reuss zu Darmstadt, an mich gelangen zu lassen. Verschiedne Umstände lassen mich dringend wünschen, daß dieß in möglichster Kürze der Fall sey.

Hochachtungsvoll verbleibe ich
Ihr
ergebenster Diener
G. Büchner
An Johann David Sauerländer in Frankfurt am Main,

ter ja keine Geschichte im Sinne einer ›runden‹ Handlung; sie verläuft simultan, fragmentarisch und chaotisch, und ebenso verändern sich die Menschen im Gefüge ihrer realen Schicksale durchaus nicht mit der Konsequenz von Dramen- oder Romanhandlungen.

Vieles spricht dafür, daß Büchner gar nicht für die Bühne geschrieben hat, sondern für den informierten Leser, der die Geschichte der Französischen Revolution aus den einschlägigen Quellen kennt.

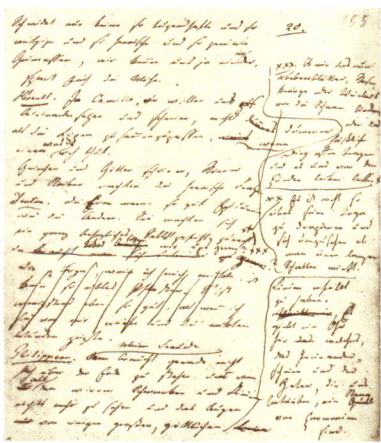

58 Papier war teuer und wurde bis zum letzten Zentimeter genutzt. Manuskriptseite mit ›Danton‹-Autograph

Dort ist auch von Menschen die Rede, die sich nicht verändern, von »Interessenvertretern« und »politischen Kräften« und weit weniger von Menschen aus Fleisch und Blut, die Danton und Robespierre jedoch gewesen sind. Büchner will uns die Geschichte nicht nur als ein in sich abgeschlossenes politisches Sinngefüge zeigen, sondern so, »wie sie sich wirklich begeben hat«. Hier macht sein ›Naturalismus‹ Sinn. Seine eigene Erfahrung hat ihm gezeigt, daß kein politisch Handelnder nur ein politisch Handelnder ist und daß noch das klarste politische Wesen in zahllose einander widerstrebende Interessen zerlegbar ist, womit sich begründen ließe, warum geschichtliche Prozesse selten ›geradlinig‹ verlaufen. Folgerichtig ist die dramatische Polarisierung Danton / Robespierre im Stück nicht durch-

97

59 Doppelseite aus Büchners ›Dantons Tod‹

weg gleichbedeutend mit böse/gut oder falsch/richtig, sondern
ist »offen« und verschließt sich einer einheitlichen Interpretati-
on. Damit lenkt Büchner unseren Blick auf die tatsächliche
Schwierigkeit der Realisierung politischer Forderungen in der
Gesellschaft. Freiheit und Atheismus, die Positionen Dantons
und Robespierres, sind für Georg allerdings immer noch Privi-
legien einer bürgerlichen Klasse, die sich keineswegs in modern
demokratischer Weise auf den Vierten Stand übertragen lassen.

Der Prozeß, der einer solchen Erkenntnis über die historische Realität zugrunde liegt, erstreckt sich von Büchners
Schulzeit und die jugendliche Begeisterung über »solche Männer« wie Cato von Utica bis hin zum Kennenlernen von Persönlichkeiten wie Ludwig Weidig, den Universitätsrichter
Georgi und den Freund und Verräter Gustav Clemm. Während die Figur des ›Helden‹ Cato den Regeln einer stilisierten
Rolle folgt, frei vom »Staub der Wirklichkeit« (Thomas Mann),
sind Weidig, Georgi und Clemm wirkliche Menschen voller
Zweifel, Ängste und Scham, wobei die Seele als Zustand erkennbar wird, der in seiner Summe evoziert, daß »die Größe
ein bloßer Zufall, die Herrschaft des Genies ein Puppenspiel«
ist – und jenen »gräßlichen Fatalismus der Geschichte« hervor-
bringt, den Georg ein Jahr zuvor im Brief an Minna beklagt hat.

Am Beginn dieser schmerzlichen Erkenntnis steht die klassische Pflichtlektüre des Schülers: Herodot, Vergil, Homer,
Sophokles, Platon und andere – sowie zahlreiche deutsche
Autoren. Vor allem Schillers Geschichtsdramen wecken jetzt
Georgs Widerspruch. Während dort die Geschichte gezeigt
wird, wie sie idealiter sein soll, sehen wir bei Büchner, wie
sie (vermeintlich) ist. Das ideale Bild der geschichtlichen
›Helden‹ gerät spätestens mit der Lektüre Shakespeares in
die Krise; die psychologische, ja die pathologische Wirklichkeit überstrahlt mehr und mehr das Ideal. Auf Shakespeare

98

☛ Walter Schmidt / Wolfgang Köttler / Gustav Seeber (Hg.): Große
Französische Revolution und revo
lutionäre Arbeiterbewegung.
Geschichtsbewußtsein, Gesellschaftstheorien und revolutionärer Kampf.
Berlin 1989.

folgt Ludwig Tieck, dessen Werk Georg als Ideensteinbruch dient. Schließlich lernt er durch den ›Werther‹, ›Tristram Shandy‹ und nicht zuletzt auch durch Jean Pauls Romane das Gefüge der menschlichen Seele in seiner ganzen realen und ›fatalen‹ Komplexität einzuschätzen, was den Heranwachsenden, in der pubertären Auseinandersetzung mit sich selbst, für »das reiche innere Leben der Menschen, ihre Leidenschaften und Neigungen, ihre Schwächen und Tugenden« empfänglich werden läßt, wie

60   Maximilien de Robespierre. Gemälde, Ende des 18. Jh.

Wilhelm Schulz 1837 feststellt. Diese Spannung zwischen dem leidenschaftlichen Idealismus des Schülers und der kritischen Urteilsfähigkeit des Erwachsenen ist in vielerlei Hinsicht für ›Danton's Tod‹ bestimmend.

Als Hauptquellen für Büchners dramatischen Erstling gilt neben Adolphe Thiers' zehnbändiger ›Histoire de la Révolution française‹ (Paris 1823–1827, insbesondere der 1825 erschienene Band VI) das 36bändige summarische Geschichtswerk ›Unsere Zeit oder geschichtliche Uebersicht der merkwürdigsten Ereignisse von 1789–1830‹. Aus diesem anekdotenreichen Kompendium hat offenbar schon der Vater daheim im Kreise der Familie gerne vorgelesen und das Gelesene durch seine eigenen Erlebnisse als Zeitgenosse der Französischen Revolution ergänzt.

99

Maximilien de Robespierre (1758–1794), 1789 als Vertreter des Dritten Standes Mitglied der Generalstände, dann der Konstituierenden Nationalversammlung. Führend im Club der Jacobiner und in der Berg-Partei im Konvent. Die Verschärfung des Terrors – der auch Danton zum Opfer gefallen war – führte zu seinem Sturz und seiner Hinrichtung unter der Guillotine.

Die vier Akte des Dramas umgreifen den knappen historischen Zeitraum von neun Tagen aus der Spätphase der Französischen Revolution, wenige Tage nach der Hinrichtung der ›ultraradikalen‹ Hébertisten am 24. März 1794, bis zur Hinrichtung Dantons am 5. April. Die Hauptakteure des Stückes sind Danton und Robespierre. Es gibt keinen ausgedehnten dramatischen Konflikt. Der erste Akt zeigt die Auseinandersetzung zwischen Danton und Robespierre. Dieser sieht in Danton den zynischen und resignierten Revolutionsgewinnler und erklärt seinen Hedonismus und politischen Opportunismus und mithin Dantons Lebensweise und die seiner »Sinnesgenossen« zum Hochverrat, während Danton seinem Rivalen Verbitterung und kleinmütige Genußfeindschaft vorwirft. Der zweite Akt behandelt Dantons Mangel an Kraft, sich gegen Robespierres Vorwürfe zur Wehr zu setzen. Der dritte und vierte Akt vertieft den Blick auf Dantons Nihilismus und seine pessimistische Passivität. »Die Welt ist das Chaos, das Nichts ist der zu gebärende Weltgott.« Danton besteigt die Guillotine als Opfer einer Revolution, die er selbst initiiert hat und deren Konsequenzen er einerseits persönlich nutzen konnte, andererseits jedoch unterschätzt hat. Da Büchner den Ausgang der Französischen Revolution kennt und weiß, daß auch Robespierre scheitern wird, und da er als Autor weder die Position des einen noch die des anderen toleriert, sie aber menschlich beide versteht, wirft das Stück die Frage auf, wieviel von Dantons Flucht in den Nihilismus als glaubwürdige Resignation eines Idealisten gelten kann und wieviel davon nur die Verbitterung des schlechten Verlierers zum Ausdruck bringt, also provozierter Selbstmord als theatralischer Abgang ist, der letztlich aus derselben Verbitterung herrührt, die Danton Robespierre vorwirft.

61 ›Dantons Tod‹. Stich, 19. Jh.

Diese Streitfrage zieht sich bis heute durch die Rezeptions-
geschichte von ›Danton's Tod‹ und bildet eine scharfe Grenze zwischen ›konservativer‹ und ›fortschrittlicher‹ Lesart
des Dramas. Für beide Positionen lassen sich genügend
Belege finden. Es erscheint müßig, darüber zu streiten, ob
Georg Büchner diese »Offenheit« beabsichtigt hat oder
nicht. Tatsache ist, daß er jede Figur des Stückes differen-
ziert gezeichnet hat, einerseits, weil dies offenbar seinem
Menschenbild entspricht, und andererseits, weil er damit
seinem Anspruch gerecht wird, das Stück »wie ein ge-
schichtliches Gemälde« zu gestalten, »das seinem Original
gleichen muß«. Einen solchen psychologischen Realismus
bringt im Stück Camille Desmoulins zum Ausdruck: »Wir
alle sind Schurken und Engel, Dummköpfe und Genies und
zwar das alles in einem, die 4 Dinge finden Platz genug in
dem nämlichen Körper.«

Daß diesem Figurenaufbau kein politisches Agitationsdra-
ma entspricht, liegt auf der Hand. Zwar ist Danton ein
Schurke, weil er ein Genußmensch und bestechlich ist. Aber
seine verzweifelten Versuche, die Furcht vor dem Tod rheto-
risch zu lindern, evoziert trotzdem unser Mitleid. Robespierre, der Unbestechliche, tritt dagegen als Rhetor der Gerechtigkeit und Gleichheit auf und erscheint integer, wenn er
sich gegen das Laster wendet. Dennoch überhört man auch
seine Menschenverachtung nicht, etwa wenn er das Blutop-
fer für notwendig hält, um die Revolution zu retten, oder
wenn er Saint-Justs zynische Bemerkung, daß die Revolution
die Menschheit »zerstückt ..., um sie zu verjüngen«, un-
widersprochen hinnimmt. Seine hysterische Selbstgerechtig-
keit, mit der er die
entfesselten politi-
schen Kräfte zu ka-

101

62 Hinrichtung Lud-
wigs XVI. am 21. Januar
1793. Farbiger Holz-
schnitt

nalisieren versucht, gibt immer wieder Anlaß zur Skepsis, ob
der verzweifelte Terror das Volk satt machen werde und ob
selbst das größte politische Genie in der Lage wäre, ein Land
zu retten, das wirtschaftlich am Boden liegt. Die Revolution,
erkennt man schließlich, ist gescheitert. Angesichts dessen
muß jeder resignieren. Dies wiederum ist Dantons Einsicht,
daß alles nur noch schlimmer werden könne und Nichtstun
das beste aller Mittel sei. Der Leser/Zuschauer dreht sich im
Kreise, er findet keinen Ruhepunkt. Alle haben recht, jeder
irrt sich, und wir fühlen uns (mit Büchner) »wie zernichtet
unter dem gräßlichen Fatalismus der Geschichte«.

Das dokumentarische Drama ›Danton's Tod‹ ist als Büchners
persönlich gefaßte Analyse der Geschichte zu begreifen. Sie
spiegelt seine Sicht auf die eigene politische Gegenwart und
deren problematische »Situation« im Rahmen der geschichtlichen Entwicklung. Aus eigener Erfahrung weiß Georg, daß
die Hoffnung auf das Kollektive, die Revolution, stets Gefahr
läuft, von der Problematik des Individuellen durchkreuzt zu
werden. Ein Mensch setzt sich ein politisches Ziel und verliert
es aus den Augen, einerseits, weil sich sein Blick verändert,
andererseits, weil das Ziel im Geflecht der sich wandelnden
Wirklichkeit eine neue Bedeutung erhält. ›Danton's Tod‹ ist
kein Bühnenstück, sondern eine Summe persönlicher Erklärun-
gen, die in die Form des Dramas gebracht worden sind. Einige
sind Büchners Ansichten, die meisten nicht. Hätte er ein paar
Jahrzehnte später gelebt, so wäre Danton vielleicht ein Ro-
manversuch geworden, ein verfrühter Montageroman, ohne
einheitliche Heldenperspektive, ein ›Roman des Nebeneinan-
der‹ womöglich, wie Gutzkow ihn Mitte des Jahrhunderts
schreibt; jedenfalls eine polyperspektivische Darstellung der
Realität, die auf einen wertenden Erzähler verzichtet. Der
Leser muß sich allein entscheiden; es gibt keine übergeordnete

102

›Danton‹ Büchners im Stadttheater. Ein großartiges Melodram. Ohne die
Shakespearesche Plastik, nervöser, vergeistigter, fragmentarischer, ein
ekstatisches Szenarium, philosophisch ein Panorama. Dergleichen ist kein
Vorbild mehr, aber kräftige Hilfe.

Bertolt Brecht, Tagebuchnotiz, 4. Oktober 1921

Wahrheit, und wenn es sie dennoch gibt, so ist sie dem Blick des Menschen prinzipiell und für immer verborgen.

Es kann als sicher gelten, das Georg den ungefähren Plan des Dramas seit mehr als einem Jahr vor Augen hat, bevor er mit der Niederschrift beginnt. Während des väterlich verordneten Hausarrests im Frühjahr 1835 schreibt er das Stück in höchstens fünf Wochen nieder und sendet es in aller Eile dem Verleger Sauerländer mit dem Schreiben an Gutzkow, dem er deutlich macht, daß er dringend ein Honorar benötigt. Georg weiß bereits, daß er nach Frankreich fliehen wird; den Eltern kann er es nicht sagen, also muß er selbst Geld auftreiben. Wahrscheinlich ist die Niederschrift zu diesem frühen Zeitpunkt und in dieser Hast nur aus der Hoffnung auf dieses Honorar entstanden. Die Vorladung zu einem Verhör im Gefängnis Friedberg liegt schon auf dem Tisch. Georg muß sich entscheiden. Zunächst verläßt er das Elternhaus und hält sich irgendwo in der Nähe von Darmstadt versteckt. Er wartet auf Gutzkows Antwort, weiß nicht, ob dieser überhaupt antworten wird, ob Friedländer den Brief an den Kritiker weitergeleitet hat. Kostbare Zeit vergeht, Zeit, die Georgs Situation immer brisanter werden läßt. Endlich erhält er die ersehnte Antwort. Gutzkow ist von dem Drama angetan, er sieht die Qualitäten, er erkennt vor allem Georgs schriftstellerisches Talent und fordert ihn auf, für ihn, Gutzkow und seine Zeitschrift ›Phönix‹, zu schreiben. Georg drängt auf das Honorar und stellt Gutzkow eine Art Generalvollmacht aus, die ihn berechtigt, ›Danton's Tod‹ so zu redigieren, daß die Frankfurter Zensur es zum Druck freigeben wird. In Absprache mit Sauerländer bietet Gutzkow das relativ niedrige Hononar von 100 Gulden. Georg steht unter äußerstem Druck; ihm bleibt nicht die Zeit, um zu verhandeln. Er willigt ein. Gutzkows Antwortbrief bleibt aus

☛ Gerhard P. Knapp: Georg
Büchner: Dantons Tod. Frankfurt
a. M. ²1987

unbekannten Gründen zwei Tage lang in Frankfurt liegen. Erst am 7. März trifft die Post zusammen mit dem Geld in Darmstadt ein. Einen Tag zu spät. Büchner befindet sich bereits auf dem Weg nach Wissembourg, wo er die Grenze nach Frankreich überquert, um von dort ins Straßburger Exil zu gelangen.

Am 26. März erscheinen Teile des Stückes in Gutzkows ›Phönix‹. Die Änderungen, die Gutzkow vorgenommen hat, sind gravierend und lassen den Text, wie er es später selbst ausdrückt, zur »Ruine einer Verwüstung« werden. Im Sommer dann erscheint ›Danton's Tod‹ in Buchform in einer Auflage von etwa 400 Exemplaren. Jetzt trägt es den von einem Redakteur eigenmächtig hinzugefügten Untertitel »Dramatische Bilder aus Frankreichs Schreckensherrschaft«. Die Rezensenten reagieren je nach politischem und ästhetischem Standpunkt zustimmend oder ablehnend; es hält sich die Waage. Die konservative Literaturkritik bemängelt die Form

Mein Herr!
Vielleicht hat es Ihnen die Beobachtung, vielleicht, im unglücklicheren Fall, die eigne Erfahrung schon gesagt, daß es einen Grad von Elend giebt, welcher jede Rücksicht vergessen und jedes Gefühl verstummen macht. Es giebt zwar Leute, welche behaupten, man solle sich in einem solchen Falle lieber zur Welt hinaushungern, aber ich könnte die Widerlegung in einem seit Kurzem erblindeten Hauptmann von der Gasse aufgreifen, welcher erklärt, er würde sich todtschießen, wenn er nicht gezwungen sey, seiner Familie durch sein Leben seine Besoldung zu erhalten. Das ist entsetzlich. Sie werden wohl einsehen, daß es ähnliche Verhältnisse geben kann, die Einen verhindern, seinen Leib zum Nothanker zu machen, um ihn von dem Wrack dießer Welt in das Wasser zu werfen und werden sich also nicht wundern, wie ich Ihre Thüre aufreiße, in Ihr Zimmer trete, Ihnen ein Manuscript auf die Brust setze und ein Allmosen abfordere. Ich bitte Sie nämlich, das Manuscript so schnell als möglich zu durchlesen, es, im Fall Ihnen Ihr *Gewissen als Kritiker* dieß *erlauben sollte,* dem Herrn Sauerländer zu empfehlen, und sogleich zu antworten.

Ueber das Werk selbst kann ich Ihnen nichts weiter sagen, als daß unglückliche Verhältnisse mich zwangen, in höchstens fünf Wochen zu schreiben. Ich sage dieß, um Ihr Urtheil über den Verfasser, nicht über das Drama an und für sich, zu motiviren. Was ich daraus machen soll, weiß ich selbst nicht, nur das weiß ich, daß ich alle Ursache habe, der Geschichte gegenüber roth zu werden; doch tröste ich mich mit dem Gedanken, daß, Shakespeare ausgenommen, alle Dichter vor ihr und der Natur wie Schulknaben dastehen.

An Karl Gutzkow in Frankfurt am Main, Darmstadt, den 21. Februar 1835

Verehrtester!

Vielleicht haben Sie durch einen Steckbrief im Frankfurter Journal meine Abreise von Darmstadt erfahren. Seit einigen Tagen bin ich hier; ob ich bleiben werde, weiß ich nicht, das hängt von verschiedenen Umständen ab. Mein Manuscript wird unter der Hand seinen Kurs durchgemacht haben.

Meine Zukunft ist so problematisch, daß sie mich selbst zu interessiren anfängt, was viel heißen will. Zu dem subtilen Selbstmord durch *Arbeit* kann ich mich nicht leicht entschließen; ich hoffe, meine Faulheit wenigstens ein Vierteljahr lang fristen zu können, und nehme dann Handgeld entweder von den Jesuiten für den Dienst der Maria oder von den St. Simonisten für die femme libre, oder sterbe mit meiner Geliebten. Wir werden sehen. Vielleicht bin ich auch dabey, wenn noch einmal das Münster eine Jacobiner-Mütze aufsetzen sollte. Was sagen Sie dazu? Es ist nur mein Spaß. Aber sie sollen noch erleben, zu was ein Teutscher nicht fähig ist, wenn er Hunger hat. Ich wollte, es ginge der ganzen Nation wie mir. Wenn es einmal ein Misjahr giebt, worin nur der Hanf geräth! Das sollte lustig gehen, wir wollten schon eine Boa Constriktor zusammen flechten. Mein Danton ist vorläufig ein seidnes Schnürchen und meine Muse ein verkleideter Samson.

An Karl Gutzkow in Frankfurt am Main,
Straßburg, etwa 14. März 1835

und den auf sie anstößig wirkenden Inhalt. Büchner hält dem zurecht entgegen: »Wenn ich ihre Liederlichkeit schildern wollte, so mußte ich sie eben liederlich sein [lassen], wenn ich ihre Gottlosigkeit zeigen wollte, so mußte ich sie eben wie Atheisten sprechen lassen.« Dieser ›naturalistische‹ Ansatz kommt für viele zu früh. Dennoch: In Kreisen der literarischen und philosophischen Avantgarde findet das Stück mitunter enthusiastische Aufnahme. Offensichtlich erkennt man hier, mit welcher zukunftweisenden Tiefe der junge Autor Politik, Religion, soziales Leben, Kunsttheorie, Weltschmerz und Sensualismus – die gängigen Themen der Vormärz-Subkultur – verstanden und literarisch überzeugend in Szene gesetzt hat.

Die Uebersetzung lassen Sie unterweges, an Originale machen Sie sich. Sie haben selbst viel Ähnlichkeit mit Ihrem Danton: genial u träge ... Ich wiege mich in dem Gedanken, Sie entdeckt zu haben u Sie recht als ein schlagendes Beispiel, als Armidaschild der Menge, mit der ich mich zu balgen habe, gegenüberhalten zu können. Soll ich noch mehr loben? Nein, Sie sollen sich Ihren eignen Stolz machen.

Karl Gutzkow an Georg Büchner, 7. April 1835

›Danton's Tod‹ gehört bis heute zu den meist diskutierten und kontrovers gewerteten Dramen der Weltliteratur. Seine Bühnenexistenz beginnt allerdings erst 1893 mit einer Aufführung von ›Szenen aus Büchners Dantons Tod‹ bei einer »russischen Abendunterhaltung« in Zürich. Es folgt 1902 eine Inszenierung der ›Freien Volksbühne‹ Berlin; sie gilt als Uraufführung. 1921 entsteht der Stummfilm ›Danton‹ von Dimitri Buchowetzki, mit Emil Jannings und Werner Krauss.

Im Exil

Nach Aussage von Georgs Brüdern liegt im Garten des Darmstädter Elternhauses während der letzten Wochen des »Stubenarrests« im Frühjahr 1835 hinter Sträuchern versteckt eine Leiter, über die Georg im Ernstfall den Häschern entkommen und über die Mauer in die benachbarten Gärten fliehen kann.

Die Geschichte ist glaubhaft. In der Tat dürfen weder Anzahl noch Art und Weise der Verhöre unterschätzt werden, denen sich die politisch Verdächtigten und Verfolgten im Winter 1834/1835 durch den inzwischen zum Chefermittler

63 Plan de Ville de Strasbourg et Vues de ses principaux édifices. Lithographie von Massinger, um 1840

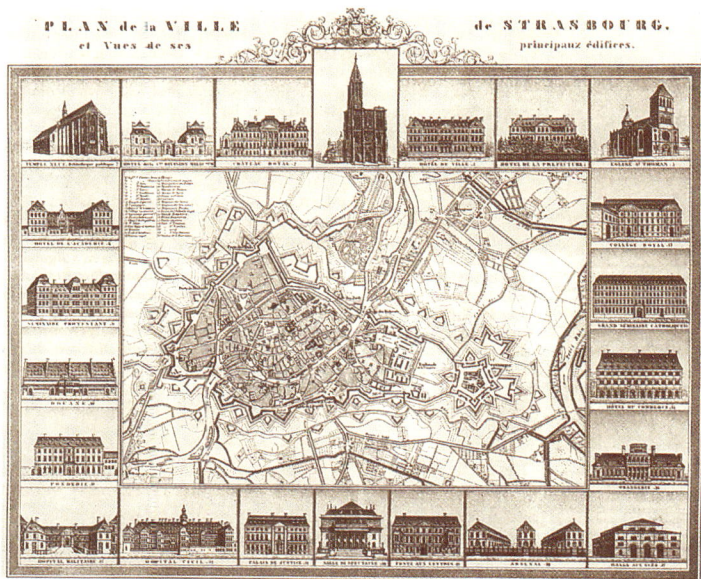

für Hessen avancierten Konrad Georgi ausgesetzt sehen. Wie es in den Gefängnissen aussieht und was bei den Verhören geschieht, bleibt im dunkeln und ist Gegenstand von zahllosen Gerüchten und Berichten Betroffener. Die Öffentlichkeit bleibt uninformiert. Bereits seit Oktober 1833 ist es der deutschen Presse streng untersagt, irgend etwas über den Gang der Untersuchungen wegen »staatsverräterischer Umtriebe« zu berichten. »Ich habe von Glück zu sagen«, schreibt Büchner im Sommer aus Straßburg, »... wenn ich den weiten freien Raum um mich erblicke und mich dann in das Darmstädter Arresthaus zurückversetze. Die Unglücklichen! Minnigerode sitzt jetzt fast ein Jahr, er soll körperlich fast aufgerieben sein ... Es heißt, er sei schon mehrmals geschlagen worden.« Die Berichte von Festnahmen und folterähnlichen Haftbedingungen häufen sich. Auch Georg ist mindestens zweimal, in Friedberg und Offenburg, verhört worden und weiß, welche Gefahren damit verbunden sind. Ludwig Weidig etwa stirbt im Februar 1837 in der Darmstädter Untersuchungshaft infolge der Mißhandlungen durch einen alkoholkranken Untersuchungsrichter. Die Beispiele ließen sich fortsetzen und untermauern Büchners Entscheidung, sich kein weiteres Mal in Friedberg vernehmen zu lassen und statt dessen nach Frankreich zu fliehen.

Die Flucht ist teuer. Am meisten kosten die Fluchthelfer, ohne die der Flüchtling schlechte Karten hat. In einem Brief an Gutzkow erkundigt sich Georg aus Straßburg nach dem Honorar für den Abdruck des ›Danton‹, dessen Erhalt er in Darmstadt verpaßt hat. In Straßburg fehlt es ihm sehr. Vor der Flucht hat er seinem Bruder Wilhelm 40 Gulden abgeschwatzt, die dieser vom Vater erhalten hat, um damit in Butzbach eine Stelle als Apothekergehilfe anzutreten. Die 100 Gulden Honorar sind unterdessen bei der Familie angelangt.

Die Regierung muß die Sachen sehr geheim halten, denn Ihr scheint in Darmstadt sehr schlecht unterrichtet zu seyn. Wir erfahren Alles durch die Flüchtlinge, welche es am besten wissen, da sie meistens zuvor in die Untersuchung verwickelt waren. Daß Minnigerode in Friedberg eine Zeit lang Ketten an den Händen hatte, weiß ich gewiß; ich weiß es von Einem,

Der Vater glaubt, daß Georg nach Friedberg gereist sei, um sich dort vernehmen zu lassen, das jedenfalls teilt er Gutzkow mit und ist wegen des Geldes merklich erstaunt. Er wolle es seinem Sohn aushändigen, sobald er wieder in Darmstadt sei. Für Georg in Straßburg ist es jedenfalls erst einmal unerreichbar geworden.

Der Fluchtweg von Darmstadt bis Straßburg ist beinahe Routine. Er führt in einem ersten Abschnitt über Bensheim und über den Rhein nach Worms, von dort nach Neustadt, Landau, Bergzabern bis zur grünen Grenze nach Frankreich. Von Wissembourg aus meldet sich Georg bei der Familie und versichert, daß er wohlbehalten angekommen sei. Dann geht die Reise über Hagenau nach Straßburg weiter, insgesamt eine verschlungene Strecke von mehr als 200 Kilometern über einsame Waldwege und abgelegene Landstraßen. Am 6. März hat Georg Darmstadt verlassen, am 12. meldet sich ein junger Elsässer bei den Straßburger Behörden, der angibt, er heiße Jacques Lutzius, sei 20 Jahre alt und von Beruf ein »sommelier«, ein Weinkellner. Es ist Georg Büchner.

Die Flucht selbst funktioniert nach dem Relaise-Verfahren. Jeder der Mittelsmänner, die den Flüchtling entgegennehmen und weiterreichen, kennt nur seinen Vordermann und seinen Hintermann, ist stets abrufbereit und stellt keine Fragen. Möglicherweise war auch Georg als Fluchthelfer tätig und hat Verfolgte aus dem Umfeld des Frankfurter Wachensturms zur Grenze gebracht. Seine eigene Flucht ist ebenfalls Teil dieses gut funktionierenden konspirativen Systems, das sich auf einschlägige Erfahrung und genaue Ortskenntnisse gründet.

Während die Mutter und Geschwister offenbar Verständnis für Georgs Flucht aufbringen, ist der Vater »im höchsten Grad erbittert«. Als loyal gesinnter Amtsarzt vermag er sich

der mit ihm saß. Er soll tödtlich krank seyn; wolle der Himmel, daß seine Leiden ein Ende hätten! Daß die Gefangnen die Gefangnenkost bekommen und weder Licht noch Bücher erhalten, ist ausgemacht. Ich danke dem Himmel, daß ich voraussah, was kommen würde, ich wäre in so einem Loch verrückt geworden.

An die Familie in Darmstadt, Straßburg, Anfang August 1835

nicht vorzustellen, daß ein polizeiliches Verhör mit so großen Gefahren verbunden sein kann, daß man gut daran tut,
sich ihm zu entziehen. Über anderthalb Jahre lang stellt er
den Kontakt zu seinem ältesten Sohn ein, läßt Georg aber
immerhin die nötigen Geldmittel zukommen, die er für die
weitere Ausbildung als unerläßlich erachtet. Nur durch die
Mutter und die Großmutter erhält Georg von Zeit zu Zeit
weiteres Geld, möglicherweise nicht ganz ohne Wissen des
Vaters, auf keinen Fall aber mit dessen offizieller Billigung.

Während der ersten acht Wochen in Straßburg taucht Georg
regelrecht unter. Die Post wird ihm »unter Kuvert« an Verwandte oder Freunde geschickt. Durch seine Familie in Darm-
stadt läßt er verbreiten, er halte sich in der Schweiz auf –
Maßnahmen, die die Suche der Behörden erschweren sollen.
Erst ab Oktober 1835 tritt Georg in Straßburg wieder unter
seinem richtigen Namen in Erscheinung, rund neun Monate
nach seiner Ankunft. Im Sommer ist in der ›Großherzoglich
Hessischen Zeitung‹ und dem überregionalen ›Frankfurter
Journal‹ ein Steckbrief erschienen, etwa zeitgleich mit Georgs
Bemühungen um die Gewährung von politischem Asyl in
Straßburg, die allerdings erst gegen Ende des Jahres Erfolg ha-
ben. Von da an hat er den Status eines geduldeten politischen
Flüchtlings und steht unter der Kontrolle des Präfekten.

Dennoch wagt etwa Freund Boeckel es auch am 16. Januar
1836 noch nicht, seine Post an Georgs ordentliche Adresse zu
senden, sondern wählt den Umweg über Wilhelmine Jaeglé,
»um unserem George Unannehmlichkeiten zu ersparen«,
und Karl Gutzkow adressiert einen Brief vom Juni 1836 ans
Rebstöckel, ein Straßburger Lokal, das von deutschen Exulanten frequentiert wird.

Die Lebenssituation der Flüchtlinge ist beileibe nicht sicher
und bequem. Für die meisten ist Straßburg aufgrund der ri-

Mir hat sich eine Quelle geöffnet; es handelt sich um ein großes Literatur-
blatt, *teutsche Revue* betitelt, das mit Anfang des neuen Jahres in Wochen-
heften erscheinen soll. *Gutzkow* und *Wienbarg* werden das Unternehmen
leiten; man hat mich zu monatlichen Beyträgen aufgefordert. Ob das
gleich eine Gelegenheit gewesen wäre, mir vielleicht ein regelmäßiges
Einkommen zu sichern, so habe ich doch meiner Studien halber die Verpflichtung zu regelmäßigen Beyträgen abgelehnt. Vielleicht, daß Ende
des Jahres noch etwas von mir erscheint. – *Klemm* also frei? Er ist mehr

giden Gesetzgebung nur eine Zwischenstation ins Exil im Inneren Frankreichs. Ein Jahr nach Georgs Ankunft befinden sich neben ihm selbst nur mehr drei deutsche Flüchtlinge als ›Geduldete‹ in der Stadt; etwa zwei Dutzend andere haben Straßburg während dieser Zeit wieder verlassen müssen. Daß Büchner bleiben darf, ist zweifellos auf die Fürsprache von Verwandten und Freunden, zum Beispiel Pfarrer Jaeglé, zurückzuführen.

Während der anderthalb Jahre, die Georg in Straßburg ansässig ist, bis zu seiner Übersiedlung nach Zürich im Oktober 1836, lebt er relativ zurückgezogen. Politisch aktiv ist er so gut wie gar nicht. Aus dieser Distanz beobachtet er etwa im April/Mai 1835 die infolge der Geständnisse von Gustav Clemm ausgelöste Verfolgungs- und Verhaftungswelle in Hessen, der eine entsprechende Flüchtingsflut nach Frankreich folgt. Seiner Auffassung nach herrscht unter den »deutschen Revolutionärs im Auslande … eine babylonische Verwirrung, die nie gelöst werden wird«. Er hält sich fern. »Ich kann euch versichern«, schreibt er nach Hause, »daß nicht das geringste politische Treiben unter den Flüchtlingen hier herrscht; die vielen guten Examina, die hier gemacht werden, beweisen hinlänglich das Gegentheil.« Im August kommentiert er das Attentat des Giuseppe Fieschi auf Louis Philippe, bei dem 18 Menschen getötet werden, der König aber unverletzt bleibt. Der Attentäter hat aus 24 Gewehrläufen eine »Höllenmaschine« zusammengebaut und damit in die Menge gefeuert. Georg kreidet die Aktion nicht den Republikanern an, wie die regierungskonforme Presse es tut, sondern den preußischen und russischen Generälen, die mit einer Einvernahme Frankreichs in den Reigen der restaurativen Staaten

ein Unglücklicher, als ein Verbrecher, ich bemitleide ihn eher, als ich ihn verachte; man muß doch gar pfiffig die tolle Leidenschaft des armen Teufels benützt haben. Er hatte sonst Ehrgefühl, ich glaube nicht, daß er seine Schande wird ertragen können. Seine *Familie verläugnet* ihn, seinen älteren Bruder ausgenommen, der eine Hauptrolle in der Sache gespielt zu haben scheint. Es sind viel Leute dadurch unglücklich geworden. Mit Minnigerode soll es besser gehen. Hat denn *Gladbach* noch kein Urtheil? Das heiße ich einen doch lebendig begraben. Mich schaudert, wenn ich denke, was vielleicht mein Schicksal gewesen wäre!
An die Familie in Darmstadt, Straßburg, den 20. September 1835

liebäugeln. Ansonsten ist er mit Geldverdienen beschäftigt. So übernimmt er eine durch Gutzkow vermittelte Übersetzung zweier Melodramen des sehr populären Victor Hugo für den Verleger Sauerländer, ›Lucrèce Borgia‹ und ›Marie Tudor‹, und erhält dafür ein Honorar von 100 Gulden. Andere literarische Arbeiten, zu welchen Gutzkow ihn zunächst auffordert, da er sie in seiner Zeitschrift ›Phönix‹ veröffentlichen will, kommen nicht zustande, weil Gutzkow die Herausgabe der Zeitschrift kurz darauf aufkündigt.

Auch die beiden Hugo-Übersetzungen zeugen von Büchners literarischem Talent. Mit behutsamen Kürzungen gelingt es ihm, die rhetorischen Klischees Hugos abzuschwächen und das Pathos der französischen Vorlage auf ein Minimum zu reduzieren. In einem Brief an die Familie versichert Georg, er könne sich von seiner schriftstellerischen Arbeit ernähren; in einem bescheidenen Maß mag das sogar zutreffen. Dennoch bleibt er auf fremde finanzielle Hilfe angewiesen, die von seiten der Eltern, der Verwandten, Pfarrer Jaeglés kommt, vielleicht auch von Wilhelm und Caroline Schulz, mit denen sich Georg kurz nach seiner Ankunft in Straßburg anfreundet.

Wilhelm Schulz, 1797 geboren, hat zunächst die Offizierslaufbahn eingeschlagen und ist 1820 wegen einer anonym veröffentlichten politischen Broschüre in den Ruhestand versetzt worden. Georg kennt ihn dem Namen nach und aus seinen Artikeln als scharfsinnigen Literaturkritiker. Weitere Schriften Schulz' führten 1834 zu einer fünfjährigen Festungshaft wegen des »fortgesetzten Versuchs des Verbrechens einer gewaltsamen Veränderung der Staatsverfassung«. Ende 1834 gelingt Schulz unter Mithilfe seiner Ehefrau Caroline und zahlreicher Helfer die Flucht aus dem Gefängnis, die ihn zunächst nach Straßburg, später nach Nancy und Zürich führt, wo das Ehepaar Schulz und Büchner bis zu dessen Tod

Victor Hugo (1802–1885), Erzähler und Dramatiker der französischen Romantik; in seinen letzten Lebensjahren streitbarer Demokrat; sein 1819 geschriebener Roman ›Bug-Jargal‹ ist der erste große Roman gegen die amerikanische Sklaverei.

Ich habe mir hier allerhand interessante Notizen über einen Freund Goethe's, einen unglücklichen Poeten Namens *Lenz* verschafft, der sich gleichzeitig mit Goethe hier aufhielt und halb verrückt wurde. Ich denke darüber einen Aufsatz in der teutschen Revue erscheinen zu lassen. Auch sehe ich mich eben nach Stoff zu einer Abhandlung über einen philosophischen oder naturhistorischen Gegenstand um. Jetzt noch eine Zeit lang anhaltendes Studium, und der Weg ist gebrochen. Es giebt hier Leute, die mir eine glänzende Zukunft prophezeien. Ich habe nichts dawider.

An die Familie in Darmstadt, Straßburg, Oktober 1835

eine enge Freundschaft verbindet. Es ist Wilhelm Schulz und seinen Veröffentlichungen zu verdanken, daß der Name Georg Büchner vor und nach 1848, zumindest in republikanischen Kreisen, nicht gänzlich in Vergessenheit gerät.

Es gilt als Binsenweisheit, daß Dichtung auch Selbstdarstellung ist. Es gibt nur ganz wenige literarische Figuren, die nicht auch Züge ihres Erfinders trügen. Zwischen April und November 1835 entsteht in Straßburg die Dichternovelle ›Lenz‹ und gibt ein beredtes Zeugnis von diesem Gewebe aus Eigenem und Fremdem, tiefer Menschenkenntnis und Poesie.

Held dieser erstaunlichen Erzählung ist der titelgebende Lenz, ein siebenundzwanzigjähriger »Melancholie«-kranker Dichter, der an einem Tag im »Jänner« in verwahrlostem Zustand den (ihm persönlich unbekannten) protestantischen Pfarrer Oberlin in dem Dorf Waldersbach aufsucht.

Historische Vorbilder der beiden Figuren sind der Dichter Jakob Michael Reinhold Lenz (1751–1792) und der Philanthrop Johann Friedrich Oberlin (1740–1826). Lenz' Le-

113

☛ Walter Grab: Dr. Wilhelm Schulz von Darmstadt. Weggefährte von Georg Büchner und Inspirator von Karl Marx. Frankfurt a. M. 1987

64 Wilhelm Schulz (1797–1860). Lithographie

bensweg beginnt als Sohn eines livländischen Pastors, der die
poetischen Neigungen Reinholds ablehnt und ihn zwingen will,
ein Amt als Geistlicher anzunehmen. Der Sohn entzieht sich
dem väterlichen Plan durch die Flucht und reist als ›Gesell-
schafter‹ von Adligen nach Straßburg, wo er 1771 Goethe ken-
nenlernt und zum engeren Kreis der Autoren des Sturm und
Drang avanciert. 1776 kommt es in Weimar aufgrund von Lenz'
Beziehung zu Goethes Geliebter Friederike Brion zum Bruch
zwischen den Freunden. In der Folgezeit entwickelt Lenz
zunehmend Symptome einer manisch-depressiven oder schizophrenen Erkrankung.

Oberlin ist während dieser Zeit ein weithin bekannter »Sozi-
alpädagoge«. In seiner verarmten elsässischen Gemeinde Waldersbach hat er das Baumwollspinnen eingeführt und gründet
die erste ›Kinderbewahranstalt‹. 1778 gelingt es einigen be-
sorgten Freunden von Lenz, den kranken Dichter zu überre-
den, sich in Oberlins Obhut zu begeben. Lenz wandert nach
Waldersbach und bleibt etwa zweieinhalb Wochen lang dort.
Zunächst wirkt Oberlins Zuspruch beruhigend auf ihn. Dann
aber nehmen die schizophrenen Schübe Überhand, und Oberlin muß aufgeben. Am 8. Februar wird Lenz, begleitet von drei
stämmigen Wächtern, nach Straßburg verbracht. Von 1779 an

65 Waldersbach im Elsaß. Stich, 19. Jh.

66 Johann Friedrich Oberlin (1740–1826). Kup-
ferstich von J. Gottfroid Gerhardt, um 1790

lebt er von seinen Freunden vergessen bis zu seinem Tod in
Rußland.

Zu seiner eigenen Rechtferti-
gung und zur Information derjenigen, die sich in Straßburg um
Lenz kümmern, verfaßt Oberlin
einen detaillierten Bericht über den
Aufenthalt des Kranken in Waldersbach. Über fünf Jahrzehnte nach dem Vorfall
stößt Georg Büchner auf eine Kopie dieses Protokolls und
erfaßt schnell die Besonderheit des Textes und seine Qualität
als Quelle für eine literarische Fallstudie, in der die psychosoziale Krise eines künstlerischen Menschen dargestellt wird.
Büchner hält sich dicht an Oberlins Vorlage, ja er übernimmt den Text über weite Strecken hin wörtlich. Der fiktive
Lenz wandert, von »namenloser Angst« getrieben, zu Pfarrer
Oberlin nach Waldbach, wo er Ruhe zu finden hofft und Ge-
nesung von den Krankheitsschüben, die seine Natur-, Zeit-
und Selbstwahrnehmung immer wieder beängstigend ver-
zerren. Oberlin, der Lenz und dessen Krankengeschichte
nicht kennt, ist bemüht, ihm mit religiösen Appellen das
innere Gleichgewicht wiederzugeben. Aber Lenz' Gemütszustand springt unberechenbar und bedrohlich zwischen suizi-
den Anwandlungen und flüchtiger Ausgeglichenheit hin und
her. Als der mit Lenz befreundete Dichter Christoph Kaufmann zu Besuch kommt, wird Lenz gelöster. Das anschließende Gespräch ist der eigentliche und einzige Ruhepunkt
der Novelle. An dieser Stelle artikuliert Lenz Büchners literar-

Sturm und Drang
Vom Ende der 60er bis Anfang der
80er Jahre des 18. Jh. reichende
literarische Bewegung, die sich
gegen Klassizismus und Rokoko
erhob und ein neues Lebensgefühl
mit Blick auf das Individuum und
die Natur zu ihrem Programm
erklärt.

ästhetisches Programm und verwirft zugleich die Position der
»idealischen« Dichter. In der Mitte der Erzählung wird Oberlins Reise in die Schweiz beschrieben, wo Freunde ihn über
Lenz aufklären. Unterdessen erleidet der Kranke abermals
verschiedene Schübe. Unter anderem versucht er, ein totes
Mädchen zum Leben zu erwecken. Als es ihm nicht gelingt,
stürzt er in den gröbsten Atheismus, sein Zustand verschlechtert sich zusehends.

Oberlin kehrt besorgt früher aus der Schweiz zurück, kann
aber nicht mehr verhindern, daß Lenz nach mehreren Selbst-
mordversuchen unter Bewachung nach Straßburg verbracht
wird. »Am folgenden Morgen«, so endet die Novelle, »… traf
er in Straßburg ein. Er schien ganz vernünftig, sprach mit
den Leuten. Er tat alles, wie es die andern taten; es war aber
eine entsetzliche Leere in ihm, er fühlte keine Angst mehr,
kein Verlangen, sein Dasein war ihm eine notwendige Last. – /
So lebte er hin …«

Das eigentlich Erstaunliche an ›Lenz‹ ist, daß Büchner sich
dazu entschließt, den protokollhaften Text Oberlins nur ge-
ringfügig zu verändern, das heißt ihn als literarischen Text
versteht. Die Beschäftigung mit Oberlins Bericht sowie der
Plan der Novelle reichen vermutlich bis in die Zeit der
Gießener Krise zurück. Erst das Straßburger Exil gibt Büchner die Zeit und das Ambiente, mit der Niederschrift des
»Aufsatzes«, wie er die Erzählung bezeichnet, zu beginnen.
(Der Sprachgebrauch der Zeit läßt den Begriff Aufsatz auch
für erzählende literarische Texte gelten.)

Aufgrund des unzeitgemäßen Stils ist lange darüber ge-
stritten worden, wie weit ›Lenz‹ Fragment oder abgeschlossen sei und woher die so auffälligen Vorklänge von Impres-
sionismus, Naturalismus und Expressionismus stammen.
Mittlerweile ist man sich einig, daß vieles auf die Übernahme

67 Jakob
Michael Rein-
hold Lenz
(1751–1792).
Anonyme Blei-
stiftzeichnung,
um 1777

☛ Sigrid Damm: Vögel, die verkünden Land. Jakob Michael Reinhold
Lenz. Weimar und Berlin 1985

68 ›Hochgebirgszeichnung/Lenz-
zeichnung‹. Kohlezeichnung von
Dieter Krüll, Köln

»Müdigkeit spürte er keine, nur war
es ihm manchmal unangenehm, daß
er nicht auf dem Kopf gehn konnte.«

des Quellentextes und weiteres auf die Tatsache zurückzuführen ist, daß der Text als unfertig zu gelten hat und von
Büchner vermutlich weiter bearbeitet worden wäre.

Als Auslöser für die Entstehung des ›Lenz‹ gilt Büchners
erzwungener Abschied von Minna Jaeglé 1833/1834 vor seiner
Abreise nach Gießen, an die sich seine tiefe Krise anschließt.
Dieses »Lenzerlebnis« habe mehr und mehr zur künstlerischen Gestaltung gedrängt. Hinzu kommt, daß der historische
Lenz in dieser Gießener Zeit für Büchner zweifellos ein Medi-
um eigener Ansichten und Befindlichkeiten gewesen ist; damit
erhält die Novelle teilweise den Charakter einer autobiogra-
phischen Arbeit. Die literarische Verknüpfung von Eigenem
mit Fremdem wirkt dabei in beide Richtungen: als Projektion
eigener Erfahrungen und Gefühle auf das andere Ich und als
Anverwandlung des Fremden. Hier entspringt die besondere
Wirkung des Textes auf den Leser, der die tiefe Sympathie des
Autors für den kranken Lenz mitempfinden kann, dessen be-
wegende verzerrte Wahrnehmung immer wieder zum Beispiel
durch minimale Stilpartikel hervorgehoben und ins Subjektive
geleitet wird: alles so klein, so nahe, so naß; alles so still; alles
so traumartig; so heimlich rein und warm undsoweiter. Es gelingt Büchner, den Leser mit wenigen solcher Mittel ganz nah
an Lenz' Blick zu führen und das Bedrückende und Bedroh-
liche der verschiedenen schizophrenen Verzerrungen und
Überlagerungen zu vermitteln.

Georgs Sensibilität für ein Krankheits- und Verhaltensbild,
wie es von Lenz überliefert ist, gründet zum einen im väterlichen Arztalltag, zum anderen im fast analogen Vaterkonflikt
der Lenz- und Büchnervita. Beide Väter drängen auf eine
bürgerliche Berufslaufbahn, beide Söhne entziehen sich dem
Druck durch die Flucht in neue Lebensbereiche, wenn auch
aus unterschiedlichen Anlässen; beide tragen die damit ver-

Am 20. ging Lenz durchs Gebirg'. Die Gipfel und hohen Bergflächen im
Schnee, die Täler hinunter graues Gestein, grüne Flächen, Felsen und
Tannen. /Es war naßkalt, das Wasser rieselte die Felsen hinunter und
sprang über den Weg. Die Äste der Tannen hingen schwer herab in die
feuchte Luft. Am Himmel zogen graue Wolken, aber alles so dicht – und
dann dampfte der Nebel herauf und strich schwer und feucht durch das
Gesträuch, so träg', so plump. /Er ging gleichgültig weiter, es lag ihm
nichts am Weg, bald auf- bald abwärts. Müdigkeit spürte er keine, nur

bundene Gewissenslast. Eine weitere Ähnlichkeit kommt in
Lenz Aufmerksamkeit für die soziale Wirklichkeit zum Ausdruck, ebenso illustriert dies die Tatsache, daß er mit seiner
offenen Form des Dramas dem suchenden Schriftsteller
Büchner eine überzeugende Grundlage zu eigener innovati-
ver und offener Gestaltung seiner Stücke geschaffen hat, wie
sie uns bereits im ›Danton‹ begegnet ist. Insgesamt ist festzu-
stellen, daß Büchner den Dichter und Leidenden Lenz in tiefer Weise versteht. 1850 stellt sein Bruder Ludwig fest: »In
Lenzen's Leben und Sein fühlte er verwandte Seelenzustän-
de, und das Fragment ist halb und halb des Dichters eigenes
Porträt.«

Im August 1835 kündigt Gutzkow Büchner die Gründung
der ›Teutschen Revue‹ an, einer Zeitschrift, die »Wissenschaft«, »Poesie« und »Leben« vereinigen und in wöchentli-
chen Lieferungen erscheinen soll. Gutzkow, dessen Skandal-
roman ›Wally, die Zweiflerin‹ soeben erscheinen ist und für
gerichtliche Folgen sorgen wird, nennt eine Reihe großer Namen, deren Mitarbeit er für die ›Teutsche Revue‹ habe gewinnen können, es sind die Starautoren des Jungen Deutschland, Börne, Heine, Grabbe und Varnhagen von Ense. Georg
stimmt dem Abdruck des ›Lenz‹ in der ›Teutschen Revue‹ zu,
distanziert sich aber zugleich vom Programm des Jungen
Deutschland, dessen Hoffnungen, die Gesellschaft schreibend
verändern zu können, er nicht teilen kann. »Funfzehn Romane« genügen, hat 1833 Heinrich Laube erklärt, und »die Millionen«, denen es schon »in Händen und Füßen« zapple,
seien »auf den Weg gebracht«. »Nur ein völliges Mißkennen
unserer gesellschaftlichen Verhältnisse«, kontert Büchner später, »konnte die Leute glauben machen, daß durch die Tages-
literatur eine völlige Umgestaltung unserer religiösen und
gesellschaftlichen Ideen möglich sei.« Im Oktober arbeitet er

war es ihm manchmal unangenehm, daß er nicht auf dem Kopf gehen
konnte. / Anfangs drängte es ihm in der Brust, wenn das Gestein so
wegsprang, der graue Wald sich unter ihm schüttelte und der Nebel die
Formen bald verschlang, bald die gewaltigen Glieder halb enthüllte; es
drängte in ihm, er suchte nach etwas, wie nach verlornen Träumen, aber
er fand nichts. Es war ihm alles so klein, so nahe, so naß; er hätte die
Erde hinter den Ofen setzen mögen.

Der Anfang von ›Lenz‹

besonders zielstrebig an der Novelle, wenige Wochen später, am 14. November, wird das Erscheinen der ›Teutschen Revue‹ im Vorhinein untersagt. Zwei Tage später wird in Mannheim das Verfahren gegen Gutzkow und seinen Verleger Löwenthal eröffnet. Am 30. November wird der Autor der ›Wally‹ wegen »Angriffes auf die Religion« verhaftet. Mit dem Beschluß der Deutschen Bundesversammlung vom 10. Dezember 1835 gegen die Autoren und Verleger des Jungen Deutschland, wobei namentlich Heine, Gutzkow, Wienbarg, Laube und Mundt genannt werden, ist schließlich der spektakuläre Höhepunkt in der Auseinandersetzung zwischen der engagierten Literatur und den Bedingungen der Restauration erreicht.

›Lenz‹ erscheint erst 1839, zwei Jahre nach Georgs Tod, im Hamburger ›Telegraph für Deutschland‹, auch hier unter Federführung von Karl Gutzkow, der hierfür eine Abschrift des Manuskripts aus der Hand von Wilhelmine Jaeglé erhalten hat, die dem Original wahrscheinlich sehr nahekommt.

Der Journaldruck des ›Lenz‹ findet wenig Beachtung. Erst der Nachdruck in den ›Nachgelassenen Schriften‹ (1850) sorgt für mehr Aufmerksamkeit. Und im Zuge der naturalistischen Aufbruchstimmung von 1890 setzt sich dann die Erkenntnis durch, daß Büchner mit seiner Novelle einen der wichtigsten Erzähltexte der Moderne geschaffen hat.

Trotz Gutzkows hartnäckigem Zuspruch, sich als ›freier Autor‹ zu etablieren, sind Georg auch im Straßburger Exil die Schwierigkeiten bewußt, die sich unweigerlich einstellen würden, wenn er sich ausschließlich über das Schreiben finanzieren wollte. Dichter, die einzig von den Einkünften ihrer Texte leben können, gibt es in der ersten Hälfte des 19. Jahrhunderts kaum. Wenn doch, dann sind es allenfalls die Bestsellerproduzenten von Kinderbüchern und Ritterromanen.

120

Ludwig Börne (1786–1837), Heinrich Heine (1797–1856), Christian Dietrich Grabbe (1801–1836), Ludolf Wienbarg (1802–1872), Heinrich Laube (1806–1884), **Dichter des ›Jungen Deutschland‹**, einer literarischen Strömung zwischen 1820 und 1848, die die Politik in den Mittelpunkt stellt. »Die Revolution tritt in die Literatur.« (Heine)

Briefe aus Paris, 1832–34

Clemens Brentano (1778–1842), romantischer Lyriker, Erzähler und Dramatiker. Als Herausgeber mit Achim von Arnim: ›Des Knaben Wunderhorn‹, 1805–08

Alle anderen üben entweder einen bürgerlichen Hauptberuf aus, haben zahlungskräftige Mäzene oder verfügen selbst über ein Vermögen, das es ihnen ermöglicht, das Leben eines Dichters zu führen.

Dem Brotberuf des praktischen Arztes deutlich aus dem Wege gehend, entscheidet sich Georg für die ›Wissenschaft‹ – nicht etwa nur für die Naturwissenschaft, sondern für die beiden akademischen Gebiete der verglei-

69 Karl Gutzkow (1811–1878). Lithographie von Valentin Schertle, um 1840

chenden Anatomie und der Philosophie. Die sich zu dieser Zeit entwickelnde bürgerliche Universitätskultur unterscheidet noch nicht in dem uns heute geläufigen Sinne zwischen Natur- und Geisteswissenschaften. Die Inhalte der jeweiligen Disziplinen sind vielfältig fächerübergreifend, und beinah jede naturwissenschaftliche Betrachtung ist zugleich eine philosophische.

Dem Exulanten Büchner ist eine spätere akademische Karriere an einer deutschen Universität selbstverständlich verwehrt. Seine Entscheidung, sich durch die soeben neu gegründete Universität in Zürich zum Doktor der Philosophie promovieren zu lassen, ist zum einen darauf zurückzuführen, daß deutsche Bewerber in Straßburg offenbar nur sehr geringe Aussichten auf eine Dozentenstelle haben, zum anderen darauf, daß Zürich als Neugründung sicher eher eine akademische Zukunft bereithält als eine schon bestehende Universität. Eine Berufsausübung im Großherzogtum Hessen im Anschluß an Zürich

121

Theodor Mundt (1808–1861), Autor und Literaturkritiker
Roman: ›Thomas Münzer‹, 1841

Karl August Varnhagen von Ense (1785–1858), umsichtiger Kritiker, Historiker, Diplomat, Journalist und Herausgeber. ›Denkwürdigkeiten …‹ 1837–46

würde jedenfalls unmöglich sein, weil am 12. November 1834 per Erlaß ein »Verbot der Schweizer Universitäten« dekretiert worden ist.

Im Herbst 1835 sind seine Überlegungen soweit gediehen, daß er den Plan einer anatomischen Promotionsarbeit konkret ins Auge faßt. Seine Untersuchung mit dem Titel ›Mémoire sur le système nerveux du barbeau (*Cyprinus barbus L.*)‹ (Vortragstitel: ›Über das Nervensystem der Barbe‹) nimmt den gesamten Winter und das Frühjahr 1835/1836 in Anspruch und führt zu Erkenntnissen, die wirklich Neues an den Tag bringen und teilweise bis heute wissenschaftliche Gültigkeit haben.

Georgs Dissertationsthema sind die Kopfnerven der Barbe, eines bis zu neun Kilogramm schweren Karpfenfischs, der in den Gewässern um Straßburg leicht zu fangen und auf den Märkten preiswert zu kaufen ist – kein unwichtiges Kriterium für den unbemittelten Flüchtling, für den allein die Promotionsgebühr von 160 Franken eine fast unüberwindliche Hürde darstellt.

Kernstück der Untersuchung ist die Entdeckung einer bis dahin nicht bekannten Verbindung unter den Kopfnerven des Fisches, deren genaue Anzahl und präziser Verlauf bis dahin noch nicht beschrieben worden war. Die deskriptiv-anatomische Arbeit Büchners gehört anerkanntermaße zu den ausführlichsten und genauesten, die bis zur Mitte des 19. Jahrhunderts entstanden sind. Die präparative Darstellung des Nervensystems bildet indes nur den Ausgangspunkt für weiterführende philosophische Hypothesen. Im zweiten Teil seiner Arbeit versucht Büchner die Frage zu beantworten, mit welchen Teilen des Nervensystems höher entwickelter Tiere man die Nerven der Fische vergleichen könne. Dieser Frage liegt die Annahme eines allgemeinen Organisationsplans der Natur zugrunde, von dem her sich alle Gemeinsamkeiten und

122

Aus der Schweiz habe ich die besten Nachrichten. Es *wäre möglich*, daß ich noch vor Neujahr von der Züricher Facultät den Doctorhut erhielte, in welchem Fall ich alsdann nächste Ostern anfangen würde, dort zu dociren. In einem Alter von zwei und zwanzig Jahren wäre das Alles, was man fordern kann.

An die Familie in Darmstadt, Straßburg, den 2. November 1835

Unterschiede von Wirbeltieren herleiten lassen. Büchners wissenschaftliche Methode ist die genetische, die die Suche nach einer übergreifenden Norm charakterisiert, einem Entwicklungsgesetz der Natur als der »mannigfaltigsten Wiederholung des ursprünglichen Bildungstypus … in immer andern und höhern Potenzen«, wie es beispielsweise der erste Lehrstuhlinhaber für vergleichende Anatomie in Deutschland, Carl Gustav Carus, formuliert.

Bei seiner emsigen Präparationen arbeitet Georg bis tief in die Nacht hinein mit einer starken Lupe und nur an frisch getöteten Tieren, bei denen das natürliche Weiß der Nervenfasern noch deutlich zu sehen ist. An den in Alkohol aufbewahrten Präparaten seien diese Fasern dann nicht mehr zu erkennen, schreibt er. Im März 1836 ist die Arbeit fertig, aber erst am 3. September wird Büchner auf Beschluß der Züricher Fakultät die philosophische Doktorwürde verliehen. Zusammen mit dem Doktordiplom erhält er die Einladung, »eine Probevorlesung in Zürich zu halten, um, wenn diese gefiele, das Recht des Docierens zu erhalten«. Im Frühjahr, nach Abschluß der Arbeit, erhält er durch Unterstützung seiner Mentoren die Gelegenheit, seine Untersuchungsergebnisse in drei aufeinan-

70 Barben. Kolorierter Stich. Diese Fische aus der Familie der Karpfen untersuchte Büchner in seiner Doktorarbeit.

derfolgenden Sitzungen vor der Straßburger Société du
Muséum d'histoire naturelle zu referieren. In einem Brief an
Gutzkow, der soeben aufgrund seines Skandalromans ›Wally,
die Zweiflerin‹ im Gefängnis gesessen hat, umschreibt Georg
die Mühen der anatomischen Tätigkeit mit folgenden Worten:
»Ich saß auch im Gefängniß und im langweiligsten unter der
Sonne, ich habe eine Abhandlung geschrieben in die Länge,
Breite und Tiefe. Tag und Nacht über der ekelhaften Ge-
schichte, ich begreife nicht, wo ich die Geduld hergenommen.«

Kaum ist die Doktorarbeit abgeschlossen, findet er ein neues
Betätigungsfeld. Er beschäftigt sich so intensiv mit Philosophie-
geschichte, daß dieses Gebiet als alternativer akademischer
Berufsweg gesehen werden muß. Während der Abriß der griechischen Philosophie offenbar dem privaten Gebrauch vorbe-
halten bleibt und der Fundierung seines Allgemeinwissens
dient, ist die Beschäftigung mit der cartesianisch-spinozisti-
schen Systemphilosophie deutlich für den Vorlesungsgebrauch
geschaffen.

Als sei all diese Mühe nicht genug, fällt in die Entstehungs-
zeit dieser philosophischen Schriften auch die eilige Beteiligung an einem literarischen Wettbewerb des Cotta-Verlags,
der bereits im Januar eine dramatische ›Preisaufgabe‹ für das

Prosit Neujahr Hammelmaus!
Ich höre, daß Du ein braver Junge bist, die Eltern haben ihre Freude an
Dir. Mache daß es immer so sey. Es ist mir ein schönes Weihnachtge-
schenk, dieß von Dir zu hören. Du zeichnest nett, fahre so fort, Louis
Jaeglé hatte große Freude daran und am Büchsenlecker und da läßt er Dir
durch mich ein Buch mit Zeichnungen schicken. Da hast Du etwas um
Dich zu üben. – Ist Lottchen Cellarius mit Dir zufrieden und ist es mit
dem Stück am Weihnachtabend gut gegangen? Wenn Du in die Clavir-
stunde gehst, so sage der Fräulein Lottchen einen schönen Gruß von mir,
aber sage um des Himmelswillen Niemand ein Wort davon.
    Nächstes Frühjahr gehe ich in die Schweiz. Wenn Du brav bist und
etwas größer, als jetzt, so mußt Du Stock und Ranzen nehmen und mich
besuchen. Erst gehst Du auf das Straßburger Münster und dann gehn wir
an den Rheinfall nach Schaffhausen und an de[n] Vierwaldstätter-See
nach der Tellenplatte und der Tellskapelle. Adieu Mäuschen, ich denke
Du bist jetzt eine Maus und wenn Du so fort machst, kannst Du es noch
weit bringen; ich hoffe, daß Du für den grauen Bieberrock jetzt zu groß
bist.
    Lebwohl Dein Bruder Georg

»beste ein- oder zweiaktige Lustspiel in Prosa oder Versen« ausgelobt hat. Der Gewinner darf auf stattliche 300 Gulden rheinischer Währung hoffen. Nach den Kosten der Promotion bleibe ihm »kein Heller mehr«, schreibt Georg an Eugène Boeckel, deshalb müsse er in nächster Zeit »Rock und Hosen« aus seinen »großen weißen Papierbogen … schneiden«, womit er deutlich auf den Versuch anspielt, sich an Cottas Preisaufgabe zu beteiligen. Die ein- oder zweiaktige Wettbewerbsfassung von ›Leonce und Lena‹, deren Originalmanuskript verschollen ist, entsteht vermutlich innerhalb der vier Wochen des Juni 1836.

Die Motive der Teilnahme sind indes vielfältiger als die

71 Baruch de Spinoza (1632–1677), holländischer Philosoph; wird wegen seiner religiösen »Irrlehren« 1656 mit dem Bannfluch der Gemeinde belegt; mit seinem Satz »Deus sive natura«, Gott und Natur sind identisch, verknüpfte er die Ideen Descartes mit seiner eigenen pantheistischen Philosophie, die von der Existenz einer »gottnatürlichen Substanz« ausgeht, deren Zustandsformen die Geschehnisse in der Welt vollständig determinieren.

bloße Notwendigkeit, Geld zu verdienen. Auch die Vorstellung, sein Stück anonym, wie Cotta es verlangt, unter anderem von dem Juror und Großkritiker Wolfgang Menzel lesen und womöglich auszeichnen zu lassen, ist für Georg, der Menzel als Denunzianten des Jungen Deutschland und Renegaten der Burschenschaft und des Liberalismus zutiefst verachtet, ein nicht zu unterschätzendes Motiv. Menzel hatte

René Descartes (1596–1650), französischer Philosoph und Mathematiker, überwindet die scholastische Tradition mit einer ein rational-analytischen Denktechnik, deren Fundament der Satz »Ich denke, also bin ich« bildet; mit der genauen Unterscheidung von ausgedehnter Körperwelt *extensio* und *cogitatio*, Bewußtsein, begründet er die mechanistische Weltsicht des 17. und 18. Jh.

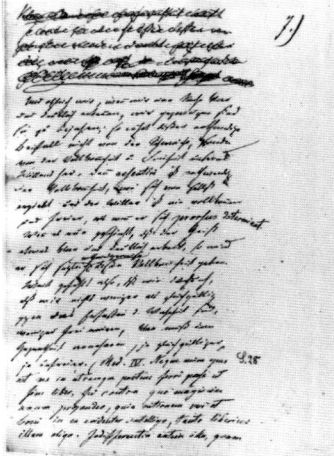

72 Eigenhändige Handschrift Büchners des Manuskriptes über Descartes.

›Danton's Tod‹ hochmütig ignoriert; nun bietet sich die Möglichkeit subtiler Rache.

Ein weiterer Anlaß, an dem Wettbewerb teilzunehmen, ist der allgemeine Schutz der Anonymität, der es ermöglicht, beinah ungehemmt das spätfeudale Staatensystem zu kritisieren. »Und der Ruhm? Und der Hunger?«, stellt Georg als Motto voran und läßt ein auf den ersten Blick romantisch anmutendes Lustspiel und dessen Travestie in einem folgen. Ironisch, sarkastisch textet er auf eine alte romantische Melodie, die in Brentanos ›Ponce de Leon‹ (1801), Tiecks ›Prinz Zerbino oder die Reise nach dem guten Geschmack‹ (1799) und anderen Stücken anklingt, ein neues Libretto, und zwar mit derselben Unverfrorenheit und anarchischen Verachtung, mit der schon der Gymnasiast im Schulgottesdienst »statt des jedesmal zu singenden Liederverses halblaut die Worte des Totengräbers im Hamlet« gesungen hat.

Leonce, der Sohn König Peters vom Reiche Popo, flieht zusammen mit seinem Freund Valerio vor den Lebens- und Heiratsplänen seines Vaters, der für den Sohn die Prinzessin Lena auserkoren hat, die sich ihrerseits auf dem Weg nach Popo befindet und Leonce nie zuvor gesehen hat. Leonce und Valerio ergehen sich in Jammereien über die Langeweile und die Sinnlosigkeit des Lebens und pendeln dabei wortverliebt zwischen arroganter Maßlosigkeit und zynischem Nihilismus hin und her. Am Ende läßt der Zufall Leonce und Lena ahnungslos zusammentreffen und sich finden und lieben. König Peter sieht unversehens seine Pläne erfüllt und ist »der glücklichste Mann«.

Das Stück behandelt ein Thema, mit dem auch Büchner sich in der Realität nach wie vor konfrontiert sieht: die persönliche Unabhängigkeit und Entscheidungsfreiheit junger Erwachsener gegenüber den Ansprüchen der Vaterwelt. Dr. Ernst Büchner hat der Liebesverbindung mit Minna Jaeglé zunächst widersprochen, und auch bezüglich seiner Berufswahl fühlt der Sohn sich alles andere als frei. Die Äußerung König Peters »Ich bin der glücklichste Mann« wünscht sich Georg vielleicht auch von seinem Vater, wissend, daß an die Verwirklichung dieses Wunsches im Straßburger Exil erst einmal gar nicht zu denken ist.

Was den literarischen Wettbewerb betrifft, so bleibt Georg erfolglos. Seine Einsendung trifft nicht fristgerecht ein und gelangt ungeöffnet an ihn zurück. Interessant ist, daß er dennoch die Arbeit an ›Leonce und Lena‹ nicht ruhen läßt und bis in die Züricher Zeit hinein daran feilt. Es sei dies eine Aufgabe, schreibt er der Familie, mit der »man nicht zu einer bestimmten Zeit fertig werden kann, wie der Schneider mit seinem Kleid«. Offenbar ist er durch die Erfahrung mit ›Dan-

Ich will Euch dafür sogleich eine sonderbare Geschichte erzählen, die Herr J. in den englischen Blättern gelesen, und die, wie dazu bemerkt, in den teutschen Blättern mitgetheilt werden durfte. Der Director des Theaters zu Braunschweig ist der bekannte Componist *Methfessel*. Er hat eine hübsche Frau, die dem Herzog gefällt, und ein Paar Augen, die er gern zudrückt, und ein Paar Hände, die er gern aufmacht. Der Herzog hat die sonderbare Manie, Madame Methfessel im Costüm zu bewundern. Er befindet sich daher gewöhnlich vor Anfang des Schauspiels mit ihr allein auf der Bühne. Nun intriguirt Methfessel gegen einen bekannten Schauspieler, dessen Name mir entfallen ist. Der Schauspieler will sich rächen, er gewinnt den Maschinisten, der Maschinist zieht an einem schönen Abend den Vorhang ein Viertelstündchen früher auf, und der Herzog spielt mit Madame Methfessel die erste Scene. Er geräth außer sich, zieht den Degen und ersticht den Maschinisten; der Schauspieler hat sich geflüchtet. –
An die Familie in Darmstadt, vermutlich Straßburg, den 15. März 1836

Uebrigens; um aufrichtig zu seyn, Sie und Ihre Freunde scheinen mir nicht grade den klügsten *Weg* gegangen zu seyn. Die Gesellschaft mittelst der *Idee*, von der *gebildeten* Klasse aus reformiren? Unmöglich! Unsere Zeit ist rein *materiell*, wären Sie je directer politisch zu Werke gegangen, so wären Sie bald auf den Punkt gekommen, wo die Reform von selbst aufgehört hätte. Sie werden nie über den Riß zwischen der gebildeten und ungebildeten Gesellschaft hinauskommen.

Ich habe mich überzeugt, die gebildete und wohlhabende Minorität, so viel Concessionen sie auch von der Gewalt für sich begehrt, wird nie ihr spitzes Verhältniß zur großen Klasse aufgeben wollen. Und die große Klasse selbst? Für die giebt es nur zwei Hebel, materielles Elend und *religiöser Fanatismus*. Jede Parthei, welche dieße Hebel anzusetzen versteht, wird siegen. Unsre Zeit braucht Eisen und Brod – und dann ein *Kreuz* oder sonst so was. Ich glaube, man muß in socialen Dingen von einem absoluten *Rechts*grundsatz ausgehen, die Bildung eines neuen geistigen Lebens im *Volk* suchen und die abgelebte moderne Gesellschaft zum Teufel gehen lassen. Zu was soll ein Ding, wie dieße, zwischen Himmel und Erde herumlaufen? Das ganze Leben desselben besteht nur in Versuchen, sich die entsetzlichste Langeweile zu vertreiben. Sie mag aussterben, das ist das einzig Neue, was sie noch erleben kann.

An Karl Gutzkow, Anfang Juni 1836

ton's Tod‹ sensibilisiert und hat erkannt, daß er seinen eigenen Rhythmus finden und sich Zeit nehmen muß, wenn die Arbeit gelingen soll.

Die Kritik des Stückes zielt nicht allein auf die grotesk ungerechten Verhältnisse im spätfeudalen Deutschland. Mit derselben scharfen Zunge wird auch der romantische Zeitgeist abgeurteilt, etwa wenn Lenas Gouvernante sagt: »Ich sehe kein Kloster, keinen Eremiten, keinen Schäfer«, und Lena entgegnet: »Wir haben Alles wohl anders geträumt mit unsern Büchern hinter den Mauern unsrer Gärten, zwischen unsern Myrthen und Oleandern.« Trotz der Vielzahl romantischer Motive ist die Menge der Kalauer und ironischen Bonmots zu groß, um das Stück auch nur annähernd mit den

74 Motto des
1. Aktes in ›Léonce
und Lena‹ von der
Hand Georg
Büchners

von ihm persiflierten romantischen Vorläufern auf eine Ebene zu stellen. »Mensch, du bist nichts als ein schlechtes Wortspiel«, sagt Leonce gleich im 1. Akt und bringt damit eine im Stück selbst beinahe zirzensisch eingebrachte selbronische Haltung auf den Punkt.

Im selben Zuge verflüchtigt sich auch jeder revolutionäre Geist. Trotz aller Verachtung für die zur Schau gestellten feudalen Verhältnisse wird an keiner Stelle eine Hoffnung auf bessere politische Verhältnisse evoziert. Im Gegenteil haben die wiederkehrenden, einander kontrastierenden Feststellungen, wie die Welt sei, etwas fatal Endgültiges. Lenas Gouvernante etwa ruft: »O die Welt ist abscheulich.« Lena antwortet darauf: »O, sie ist schön und so weit, so unendlich weit!«, während Leonce an anderer Stelle feststellt: »Die Erde ist eine Schale von dunklem Gold.« Wogegen Valerio behauptet: »Die Erde und das Wasser … sind wie ein Tisch, auf dem Wein verschüttet ist, und wir liegen darauf wie Spielkarten.« Leonce wiederum sagt: »Die Erde hat sich ängstlich zusammengeschmiegt wie ein Kind, und über die Wege schreiten die Gespenster.« Und Valerio schließlich widerspricht Lena und der Weite der Welt, indem er feststellt, daß das Land wie eine Zwiebel sei, »nichts als Schalen, oder ineinander gesteckte Schachteln«. Wenn er dann im 3. Akt nacheinander mehrere Masken abnimmt und fragt: »Bin ich das? Oder das? Oder

Du hast frohe Tage auf Deiner Reise, wie es scheint. Ich freue mich darüber. Das Leben ist überhaupt etwas recht Schönes und jedenfalls ist es nicht so langweilig, als wenn es noch einmal so langweilig wäre. Spute Dich etwas im nächsten Herbst, komme zeitig, dann sehe ich Dich noch hier. Hast Du viel gelernt, unterwegs? Ist Dir die Kranken- und Leichenschau noch nicht zur Last geworden? Ich meine eine Tour durch die Spitäler von halb Europa müßte einem sehr melancholisch und die Tour durch die Hörsäle unserer Professor müßte einem halb verrückt und die Tour durch unsere teutschen Staaten müßte einem ganz wüthend machen. 3 Dinge, die man übrigens auch ohne die drei Touren sehr leicht werden kann z. B. wenn es regnet und kalt ist, wie eben; wenn man Zahnweh hat, wie ich vor 8 Tagen, u. wenn man einen vollen Winter und ein halbes Frühjahr nicht aus seinen 4 Wänden gekommen, wie ich dieß Jahr.

Du siehst ich stehe viel aus und ehe ich mir neulich meinen Hohlen Zahn ausziehen lassen, habe ich im vollständigsten Ernst überlegt, ob ich mich nicht lieber todtschießen sollte, was jedenfalls weniger schmerzhaft ist.

An Eugène Boeckel, 1. Juni 1836

das?«, so plaziert er damit das Rätsel des Individuums unmittelbar neben dem Rätsel der Welt. ›Leonce und Lena‹ ist zugleich kindlich phantasievolle Übertreibung und rücksichtslose Entlarvung der Realität, ist Wortzirkus und Denunziation, Maskerade und Metapher, Realposse und Märchenspiel – ist dies alles in einem und deshalb ein ruhelos flirrendes Spiel zwischen greller Komik und düsterem Ernst.

Ein Jahr nach Büchners Tod veröffentlicht Karl Gutzkow Teile des Stücks im ›Telegraph für Deutschland‹. Gutzkows Kürzungen sind von seiner eigenen Lustspiel-Ästhetik geprägt, die witzige Dialoge statt stereotyper Absurditäten bevorzugt, originelle Psychologien statt kruder Karikaturen. Erst 1895 kommt es in Schwabing zu einer Liebhaberaufführung, und noch später, 1912, nimmt Gustav Lindemann als erster das Stück in das Programm des Düsseldorfer Schauspielhauses auf und verhilft ihm damit zum Durchbruch.

Etwa in denselben Entstehungszeitraum wie ›Leonce und Lena‹ fallen auch die im Nachlaß aufgefundenen, weitgehend Fragment gebliebenen 27 Szenen um den Mörder Franz Woyzeck. Die erst 42 Jahre nach Büchners Tod von Karl Emil Franzos auf chemischem Wege lesbar gemachten und edierten Manuskriptseiten enthalten ein *work in progress* ohne Titel, dessen Teile den psychosozialen Hintergrund eines Eifersuchtsmords in Szene setzen.

Franz Woyzeck ist ein hessischer Infanteriesoldat, der seine Geliebte Marie, mit der er ein Kind hat, nicht heiraten kann, weil ihm das erforderliche Mindestvermögen fehlt. Um Marie und das Kind zu unterstützen, arbeitet er neben seinen militärischen Pflichten als Bartscherer und verkauft überdies seinen Körper als medizinisches Experimentierobjekt an einen Wissenschaftler. Die Dauerbelastung dieser Tätigkeiten, gepaart mit

130

Ich bin ganz vergnügt mit mir selbst … Ich habe mich jetzt ganz auf das Studium der Naturwissenschaftenund der Philosophie gelegt, und werde in Kurzem nach Zürich gehen, um in meiner Eigenschaft als überflüssiges Mitglied der Gesellschaft meinen Mitmenschen Vorlesungen über etwas ebenfalls höchst Ueberflüssiges, nämlich über die philosophischen Systeme der Teutschen seit Cartesius und Spinoza, zu halten. –

der Aussichtslosigkeit seiner sozialen Situation, löst in Woyzeck die Symptome einer beginnenden Psychose aus. Als die Geliebte ihm untreu wird, richtet sich seine verzweifelte Wut auf tragische Weise gegen den einzigen Menschen, der ihn liebt. Er ersticht Marie.

Hintergrund des Dramas ist der Mordprozeß gegen den einundvierzigjährigen stellenlosen Perückenmacher Johann Christian Woyzeck, der 1821 in Leipzig seine Geliebte erstochen hat. Aufsehen erregte seinerzeit nicht die Tat selbst, sondern die nachfolgende öffentliche Fachdiskussion über die Zurechnungs- und Straffähigkeit des Täters im Augenblick der Tat.

Die Auseinandersetzung beginnt mit der von der Verteidigung beantragten gerichtsmedizinischen Untersuchung Woyzecks durch den Leipziger Stadtphysikus Johann Christian August Clarus. Er sieht in Woyzeck ausschließlich den selbstverantwortlichen Täter, der durch eigene Schuld und Schwäche ein Menschenleben zerstört habe, während die Verteidiger bemüht sind, das psychosoziale Umfeld bzw. die Vorgeschichte in die Schuldbeurteilung mit einzubeziehen. Woyzeck leide unter depressiven Schüben, sei »tiefsinnig« und habe optische und akustische Halluzinationen; hinzu komme die rezessionsbedingte

75 Johann Christian Woyzeck

Dabey bin ich gerade daran, sich einige Menschen auf dem Papier todtschlagen oder verheirathen zu lassen, und bitte den lieben Gott um einen einfältigen Buchhändler und ein groß Publikum mit so wenig Geschmack, als möglich. Man braucht einmal zu vielerley Dingen unter der Sonne Muth, sogar, um Privatdocent der Philosophie zu seyn.

An die Familie in Darmstadt, Straßburg, den 2. September 1836

1) Was sein Äußeres und seine körperliche Gesundheit betrifft:
Blick, Miene, Haltung, Gang und Sprache völlig unverändert, die Gesichtsfarbe, wegen Entbehrung der freien Luft und Bewegung, etwas blässer, Atemholen, Hautwärme und Zunge völlig natürlich. Übrigens versicherte der Inquisit, daß sein Schlaf ruhig und ohne beunruhigende Träume, sein Appetit gut, und seine natürlichen Ausleerungen in vollkommner Ordnung seien. Beide zuletzt erwähnten Umstände bestätigte auch auf Befragen der Stockmeister *Richter*, und fügte hinzu, daß Woyzeck während der ganzen Zeit seiner Gefangenschaft, noch nie über das geringste Übelbefinden geklagt habe.

Dagegen bemerkte ich, daß das schon früher während der ersten Minuten der Unterredung an ihm wahrgenommene Zittern des ganzen Körpers, besonders wenn mein Besuch ihm sehr unerwartet kam, etwas länger anhielt, und daß der Puls- und Herzschlag zwar regelmäßig und gleichförmig, aber nicht nur voller und beschleunigter war, sondern daß auch der Puls, so oft ich ihn im Laufe der Unterredung untersuchte, immer etwas unruhig, der Herzschlag aber stärker und fühlbarer blieb und einen größern Umfang einnahm, als im natürlichen Zustande. Wenn er dagegen, wie es einjgemal geschah, eine halbe Stunde vorher von meiner Ankunft unterrichtet war, bemerkte ich alles dieses in weit geringerem Grade.

2) Was den dermaligen geistigen Zustand des Inquisiten und zwar
a) den Verstand desselben anlangt, so fand ich an ihm weder Unstetigkeit und Zerstreuung, noch Überspannung, Abspannung, Vertiefung oder Verworrenheit der Gedanken und Vorstellungen sondern ungeteilte und anhaltend mehrere Stunden ausdauernde Aufmerksamkeit auf den Gegenstand der Unterredung, so daß er mit demselben, auch während ich von Zeit zu Zeit meine Bemerkungen niederschrieb, ununterbrochen beschäftigt schien, und nachher öfters den Faden da weder aufnahm, wo ich ihn hatte fallen lassen, in seinen Erzählungen es meistens selbst erinnerte, wenn er sich von der Zeitfolge entfernte, oder bei Nebenumständen verweilte, auch nachher jedesmal von selbst, in einer natürlichen und zusammenhängenden Gedankenfolge, zur Hauptsache zurückkehrte. Den Sinn der an ihn gerichteten Fragen faßte er augenblicklich, so daß ich nie genötigt war, eine Frage zu wiederholen, und beantwortete sie nicht nur schnell und treffend, sondern war auch, so oft ich es verlangte, im Stande, den Sinn derselben mit andern Worten zu wiederholen, was mir besonders bei den Fragen nötig schien, die seinen Gemütszustand unmittelbar vor, bei und nach der Tat betrafen. Sein Gedächtnis war ihm völlig treu geblieben, so daß er Begebenheiten, die er mir vor anderthalb Jahren erzählt hatte, mit denselben Nebenumständen wiederholte. Seine Begriffe sind, soweit sie sich auf Gegenstände und Verhältnisse der Sinnenwelt beziehen, richtig und dem Grade seiner geistigen Bildung angemessen, und ob er gleich in Beziehung auf Begriffe von religiösen und übersinnlichen Gegenständen nicht frei von gewissen, in seinem Stande und bei seiner Erziehung nicht ungewöhnlichen Irrtümern und Vorurteilen ist, die ihn zu falschen Ansichten und Meinungen verleiten, wie ich dieses weiter unten ausführlich entwickeln werde, so ist doch bei ihm keine Spur von

krankhafter Exaltation, Abstumpfung oder Verworrenheit der Begriffe zu bemerken, und ich habe mich durch fortgesetzte Unterredungen über den Gegenstand dieser Irrtümer, überzeugt, daß sein Verstand in Rücksicht auf selbige der Belehrung fähig und für bessere Überzeugung zugänglich ist.

b) In Rücksicht auf das *Gemüt* des Inquisiten fand ich zwar ebenfalls, so wie bei meinen frühern Unterredungen mit ihm, keine Spur einer ungestümen Aufregung, Reizbarkeit, Spannung, Unruhe und Leidenschaftlichkeit, oder von Abstumpfung, Erstarrung, Vertiefung und Niedergeschlagenheit, und mithin nichts, was auf die Gegenwart irgend eines krankhaften Zustandes des Gemüts, auf Wahnsinn, Tollheit oder Melancholie und deren verschiedene Formen, Grade und Komplikationen zu schließen berechtigen könnte. Dagegen aber bemerkte ich sehr bald, daß seit meiner frühern Untersuchung in Rücksicht auf die *Stimmung* seines Gemüts, unter dem Einflusse der einfachen und regelmäßigen Lebensart im Gefängnisse, einer humanen Behandlung, des Zuspruchs des Geistlichen, der Lesung der Bibel und andrer religiösen Schriften, der langen Einsamkeit und Zurückgezogenheit auf sich selbst, und der Aussicht auf den Tod, dessen Pforten er so nahe gestanden hat, eine sehr *wesentliche* und *günstige* Veränderung mit ihm vorgegangen sei. Erst um vieles zugänglicher, offner, zutraulicher und gesprächiger geworden, und scheint das Bedürfnis zu fühlen, sich mitzuteilen.

Das gleichgültige, kalte, rauhe und verwilderte Wesen, das ich früher an ihm beobachtete, hat sich verloren. Er hat Zeit und Aufforderung gefunden, einen ernsthaften Blick in sein Inneres, auf Vergangenheit und Zukunft zu werfen; die Reue ist in ihm erwacht und mit ihr die Liebe zum Leben. Er scheut sich nicht mehr, zu gestehen, daß er den Tod durch Henkers Hand fürchte, und daß er einen mildern Urteilsspruch wünsche, so wie sein ganzes Benehmen zeigt, daß er einige Hoffnung dazu nährt. Daher scheinen die psychologischen Erscheinungen, über die er bereits vor Gericht ausführlich befragt worden ist, und deren Beziehung auf den Ausgang seines Schicksals er ahndet, jetzt den Hauptgegenstand seines Sinnes und Denkens auszumachen. Ganz unaufgefordert fing er, schon während ich die vorläufigen nötigen Fragen über den gegenwärtigen Zustand seiner körperlichen Gesundheit an ihn richtete, davon zu sprechen an, und suchte angelegentlich immer von Neuem darauf zurückzukommen. Als ich nun, dem mir entworfenen Plane gemäß, wirklich auf diesen Hauptgegenstand der Untersuchung näher einging, war er unerschöpflich in seinen Erzählungen und Erläuterungen, und es drängte ihn sichtbar, sich ausführlich darüber mitzuteilen, um nichts zu übergehen, was ihm zur Sache zu gehören schien.

Auf Befragen, warum er mir von allen diesen Dingen nicht schon bei der ersten Untersuchung erzählt und auf eine Menge dahin führender Fragen geschwiegen habe, erwiderte er: Er sei damals noch desperat gewesen, weil er kein Zutrauen zu den Menschen gehabt und geglaubt habe, daß er von ihnen verfolgt werde. – Es sei ihm gleichgültig gewesen, wie es ginge. – Er wisse nicht, ob er sich vielleicht geschämt habe. – Er habe gedacht: wozu solle das viele Schreiben. – Er habe mir auch die Mühe noch nicht gedankt, die ich mir damals mit ihm gegeben und wolle es nunmehr tun etc. Ob ich nun gleich in seinen Äußerungen durchaus kein Bestreben wahrnahm, mich durch offenbare und geflissentliche Unwahrheiten zu täuschen, gegen welche ich ihn wiederholt dringend warnete, so bemerkte ich doch sehr deutlich, daß er sich von Zeit zu Zeit durch seine Einbildungskraft fortreißen ließ, die Begebenheiten auszumalen, oder ihnen willkürliche Beziehungen unterzulegen, und daß er sich bei fortgesetztem Nachgrübeln über diese Vorfälle, aufgeregt durch den schwachen Schimmer der auf sie gebauten Hoffnung, und verleitet durch die ihm ohnehin anhängenden Vorurteile über die Bedeutung der Träume, über Geistererscheinungen u. s. w. (s. u.) von Selbsttäuschung nicht völlig frei erhalten hatte.

Aus dem gerichtsmedizinischen Gutachten

Dauerarbeitslosigkeit, die Clarus als Arbeitsscheuheit deutet. Während die Verteidiger also auf die Mitverantwortung der Gesellschaft verweisen, argumentiert Clarus strikt im Sinne der christlich-bürgerlichen Moral, wobei angemerkt sei, daß Clarus in anderen Fällen außerordentlich sensibel und verständig urteilte. Nicht jedoch bei Woyzeck, der aufgrund von Clarus' Gutachten verurteilt, am 27. August 1824 auf dem Leipziger Marktplatz vor Tausenden von Zuschauern geköpft und dessen Leiche auf die Anatomie gebracht wird. Die anschließende Sektion ergibt, was Clarus behauptet hat, »nämlich daß der Delinquent an allen Theilen seines Körpers vollkommen gesund gewesen« ist. Die Seele, so scheint es, ist bei der Obduktion übersehen worden, und genau hier entbrennt in der Folge der modern anmutende Streit darüber, wie weit die Moral des Menschen auch ein Produkt seiner Lebensumstände ist.

In seiner Einstellung zum ›Irresein‹ ist Büchner zweifellos geprägt durch die ärztliche Praxis seines Vaters. Auch ist Georgs Mutter, wie eine Briefstelle verrät, gegen die Todes-

76 J. C. Woyzeck. / Geht seinnen Tode als reuevoller Christ entgegen, auf dem Marktplatze zu Leipzig den 27. August 1824. Federlithographie von C. G. H. Geißler, 1824

strafe für Mörder eingestellt. Jedenfalls weiß Georg bereits als Schüler, daß »Melancholie« ein »geistiges ... unheilbares Leiden« ist, das als schicksalhaft zu betrachten sei.

In seinem Dramenfragment zeigt er nun, daß Woyzecks Verbrechen ein soziales Verbrechen an Woyzeck vorausgeht. In demselben Maß, wie Georg den Täter in diesem Sinne entlastet, weist er seinen Peinigern, dem Doktor und dem Hauptmann, Schuld zu. Es geht ihm dabei nicht um die bestimmten Charaktere. Der Doktor und der Hauptmann repräsentieren vielmehr die staatstragenden Institutionen Wissenschaft und Militär, deren Werte Willensfreiheit, Tugend, Vernunft, Moral und Selbstbeherrschung von Woyzeck klassenspezifisch als ›Luxus‹ erfahren werden, den jemand wie er sich nicht leisten kann. Die folgerichtige Tötung eines seiner Peiniger kommt ihm gar nicht erst in den Sinn. Statt dessen richtet sich seine Aggression auf die Geliebte, wobei seine Motive ganz und gar konventionell und eben dadurch für jederman nachvollziehbar sind: Untreue, Eifersucht, Rache.

Franz Woyzeck ist der erste proletarische Antiheld der deutschen Dramengeschichte. Bis hierher hätte seine Gestalt besten-

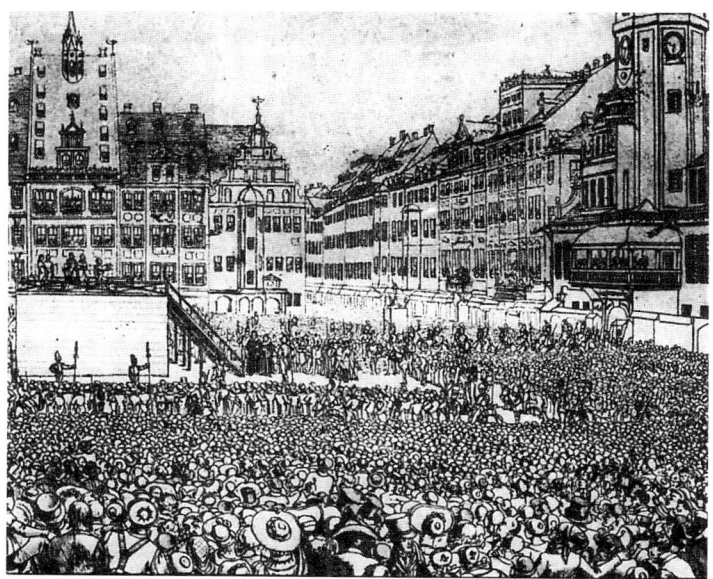

falls in einer Burleske Platz finden können; Büchner macht ihn zur zentralen Figur einer erschütternden Tragödie, womit deutlich wird, daß seine komplexe Vorstellung vom Menschen als sozialem Wesen und die sich hieraus ergebenden ethischen Konsequenzen eine weit wichtigere Rolle spielen als die Frage nach Büchners künstlerischen und dramenästhetischen Einzelentscheidungen. Vielleicht ist es diese Zurückhaltung bei der künstlerischen Formgebung, die Büchners Texte so überraschend modern erscheinen lassen. Der Inhalt bestimmt die Form, nimmt ihr das Pathos und macht sie knapp und sehr klar im Hinblick auf ihre inhaltliche Zielsetzung. Bezeichnenderweise sind auch die literarischen Einflüsse in ›Woyzeck‹, verglichen mit den realen Quellen, gering. Wie schon in ›Danton's Tod‹ und in ›Lenz‹ überwiegt das beinah wissenschaftliche Interesse des Autors am Menschen. Es geht ihm weniger um Stil oder Komposition – all dies erscheint immer wieder vor allem als künstlerisches Vehikel philosophischer, soziologischer und psychologischer Fragestellungen. In ›Danton's Tod‹ ist es die Frage nach dem Sinn der Geschichte im Erleben des einzelnen; in ›Lenz‹ ist es die Frage nach der Bestimmung des Menschen als Künstler; in ›Woyzeck‹ schließlich ist es die Frage nach der sozialen Fragwürdigkeit bürgerlicher Moralvorstellungen.

›Woyzeck‹ ist Fragment, auch mit Blick auf die Anordnung der im Nachlaß gefundenen Szenen. Ein verschollenes, von Büchner abgeschlossenes Woyzeck-Manuskript wird es kaum gegeben haben. Erschlossen wird der Text von Karl Emil Franzos, dem es im Sommer 1875 gelingt, die »vier Bogen dunkelgrauen, mürbe gewordenen Papiers, kreuz und quer mit langen Linien sehr feiner, sehr blasser gelblicher Strichelchen beschrieben« halbwegs zu entziffern. »Da war absolut keine Silbe lesbar«, berichtet er später. Der Zufall habe ihm ein chemisches

Vater! ich komme. Ja, mein himmlischer Vater, Du rufst mich, Dein gnädiger Wille geschehe! danke! Herzlichen dank, Preiß und Ehre sey dier allerbarmer, daß du bey aller meiner großen Schult dennoch liebreich auf mich blickst, und mich würdigst, Dein zu seyn! Dank sey dier, daß du nach so vielen außgestandenen Leiden die Thränen trocknest, die ich dier so manche wäyhte, Vater, ich befehle meinen Geist in deine Hände! dier lebe ich, dier Sterbe ich, dein bin ich tott, und lebendig, amen.
Herr Hilf! Herr, laß wohl gelingen! amen.   *Woycecks letzte Worte*

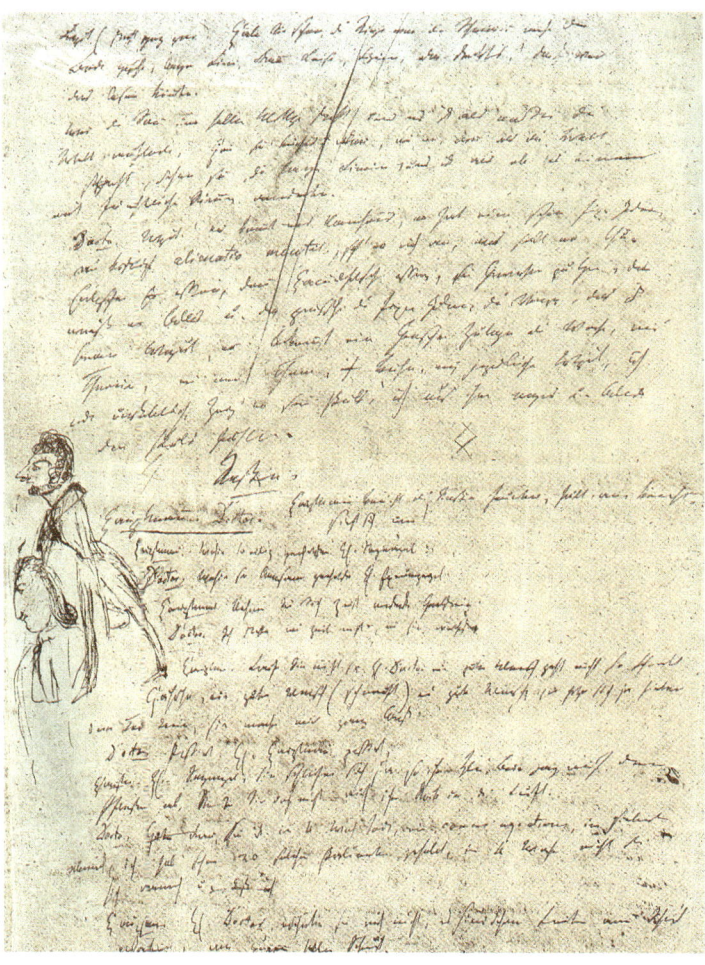

77 Manuskriptseite aus dem Dramenfragment ›Woyzeck‹, die auf diese Weise erst lesbar war, nachdem Karl Emil Franzos das Papier mit Chemikalien behandelt hatte.

Rezept zugeführt, »welches im Nürnberger ›Germanischen Museum‹ zur Auffrischung von Urkunden benützt wird. Man bestreicht die betreffende Stelle zuerst mit destillirtem Wasser, dann mit Schwefel-Ammoniak …, die verblassten Strichelchen traten auf kurze Zeit wieder kohlschwarz hervor.« Leider ist der siebenundzwanzigjährige Journalist und Reiseschriftsteller Franzos alles andere als ein Editionsfachmann. Sein Text, den er aufgrund eines Lesefehlers mit ›Wozzeck‹ übertitelt, erscheint im November 1875 auszugsweise in der liberalen Wiener Tageszeitung ›Neue Freie Presse‹ und hat mit der Manuskriptvorlage wegen der zahlreichen Lesefehler nur wenig gemein. Ein Jahr später wird der ganze ›Wozzeck‹ in der Berliner Wochenschrift ›Mehr Licht‹ abgedruckt. Erst spätere aufwendige Editionen führen zu der heute weitgehend als gültig angesehenen ›Lesefassung‹ und lassen es Anfang unseres Jahrhunderts zum Schlüsseldrama der literarischen Moderne werden.

Zürich und der Tod

Georgs Pläne, nach Zürich überzusiedeln, zielen ursprünglich auf das Frühjahr 1836. Doch die Doktorarbeit nimmt mehr Zeit in Anspruch als zunächst erwartet. Hinzu kommt, daß sich die Schweiz zu dieser Zeit vor Verschwörungsplänen einiger ihrer deutschen Exulanten in acht nehmen muß. Für Georg empfiehlt es sich, solange abzuwarten, bis sich die »Fremdenverfolgung im Canton Zürich … abgekühlt« hat, wie ein Zeitgenosse schreibt. Das Ganze ist zum Teil eine provozierte Aktion der Nachbarstaaten der Schweiz, die das Land auf diese Weise veranlassen wollen, seine politischen Flüchtlinge auszuweisen, was bis zum Sommer auch immer wieder geschieht. Danach beruhigt sich die Situation, und in der Tat bemüht sich Georg nun, unmittelbar nach Erhalt des Doktordiploms im September, bei den Behörden um einen »Laufpaß« in die Schweiz. Ende September werden

78 Zürich vom Hotel Schwert aus. Lithographie, 1835

ihm die erforderlichen Papiere ausgestellt. Den 17. Oktober, seinen 23. Geburtstag, verbringt Georg zusammen mit seiner Verlobten. Am andern Tag reist er nach Zürich ab, wo er am 19. Oktober eintrifft.

Im europäischen Staatensystem ist die Schweiz das einzige Land mit republikanischer Verfassungsform und parlamentarischer Demokratie. Georg berichtet begeistert von den Vorteilen dieser Ordnung, die für ihn sichtbaren Wohlstand nach sich ziehe. »Die Straßen laufen hier nicht voll Soldaten, Accessisten und faulen Staatsdienern«, schreibt er nach Hause, »und man riskirt nicht von einer adligen Kutsche überfahren zu werden.« Die »alten Peruckenregierungen« sind 1830/1831 gestürzt worden, aber an die Stelle der Geburtsaristokratie ist auch in der Schweiz die des Geldes getreten. Letzteres ist jedoch gerade die Schweizer Wirtschaftskraft, die mit Hilfe niedriger Steuerlasten den inneren und äußeren Frieden im Kanton sichert.

Nachdem Georg im Hause des radikal-liberalen Mediziners Dr. Hans Ulrich Zehnder ein winziges Zimmer bezogen hat, hält er schon am 5. November, »Vormittags 11 Uhr«, knapp vierzehn Tage nach seiner Ankunft, in der »Aula academica« der Zürcher Hochschule vor etwa 20 Zuhörern seine öffentliche Probevorlesung über die Schädelnerven verschiedener Wirbeltiere. Im Auditorium sitzen der Dekan und sieben Professoren der philosophischen Fakultät, unter ihnen auch der Naturphilosoph und erste Rektor der Universität Lorenz Oken.

Nach erfolgreichem Vortrag wird Georg »die Bewilligung ertheilt, als Privatdocent an der hiesigen Hochschule auf-

140 ————————————

79 Dr. med. Hans Ulrich Zehnder (1798–1877), praktischer Arzt und liberaler Politiker, 1844 Bürgermeister von Zürich. Lithographie von Wegener, um 1844

zutreten«. Er findet in den folgenden Wochen schnell ge-
sellschaftlichen Anschluß bei
den akademischen Kollegen,
ja es ist sogar die Rede von
einer außerordentlichen Pro-
fessur für vergleichende Anatomie, die man eigens für ihn
einrichten will. Zu seinen För-
derern gehören sein politisch
einflußreicher Hauswirt Dr.
Zehnder, die beiden Professoren Oken und Carus sowie
Caroline und Wilhelm Schulz,
die ebenfalls in Zürich im
Hause von Dr. Zehnder Zu-
flucht gefunden haben. In der
zweiten Novemberwoche kündigt der frisch ernannte Do-

80 Karl Friedrich Irminger liest Ana-
tomiel. Bleistiftzeichnung

zent sein Kolleg an. Da das Semester bereits in vollem Gang ist,
melden sich nur drei Interessenten, darunter der spätere Süd-
amerikaforscher und Diplomat Johannes Jakob Tschudi. Jeder
Hörer bezahlt 14 Franken Gebühr an die Hochschulkasse. 28
Rappen behält die Universität ein, den Rest erhält der Dozent.
Es reicht nicht zum Sterben, geschweige denn zum Überleben.

Georg liest sein »Privatissimum« an drei Nachmittagen in
der Woche, wie Tschudi später erinnert, und zwar »von 2–3
Uhr auf seinem Zimmer«, einem Kämmerchen von nicht
mehr als 15 Quadratmetern, in dem nur das Nötigste Platz
hat. Ende November berichtet Georg seinem Bruder Wilhelm: »Ich sitze am Tage mit dem Scalpell und die Nacht mit
den Büchern.« Er arbeitet unentwegt, sehnt sich nach Minna,

81 Georg Büchners
Stube. Zeichnung von
Johann Jakob Tschudi,
1877

der er Mitte Januar schreibt: »Ich sehe dich immer so halb
durch zwischen Fischschwänzen, Froschzehen u. s. w. Ist das
nicht rührender, als die Geschichte von Abälard, wie sich
ihm Heloise immer zwischen die Lippen und das Gebet
drängt? O, ich werde jeden Tag poetischer, alle meine Gedanken schwimmen in Spiritus.« Eine Skizze von Johannes
Tschudi läßt die materielle Dürftigkeit dieses Beginns einer
hoffnungsvollen akademischen Karriere erkennen.

Obgleich Georgs finanzielle Verhältnisse mehr als beschränkt sind, bemüht er sich schon im Frühjahr 1837 um ein
größeres Zimmer. Ein kleiner Wirt, »der aussieht, wie ein
betrunkenes Kaninchen«, schreibt er am 27. Januar an Minna,
habe ihm »in seinem prächtigen Hause vor der Stadt ein
großes elegantes Zimmer vermiethet«. Vielleicht hat es mit
dem Vater eine Einigung gegeben, vielleicht sendet ihm die
Mutter Geld. Jedenfalls umspannt die Dauer seiner Aufent-
haltsgenehmigung für Zürich nur 6 Monate, nach denen die
Zahlung einer »Personal-Caution« in Höhe von 800 Franken
fällig wird, was dem Jahresgehalt eines außerordentlichen
Professors entspricht, der Georg indes noch lange nicht ist.
Dennoch lebt er sich ein. »Das Mühlrad dreht sich als fort
ohne Rast und Ruh«, schreibt er. »Ich gehe fast so richtig,
wie eine Schwarzwälder Uhr.« Wie wenig Rast und Ruh
Georg in der Tat findet, zeigt sich Mitte Januar, als er sich
eine leichte Infektion zuzieht, die er für eine Erkältung hält,
die aber in Wahrheit der Beginn eines fatalen »Nervenfie-
bers« ist, das bereits seit einiger Zeit in Zürich grassiert.

Etwa um diese Zeit habe Georg, so zitiert eine Quelle, in
einem Brief an Minna von dem Plan gesprochen, »in längstens
acht Tagen Leonce und Lena mit noch zwei anderen Dramen
erscheinen [zu] lassen«. Dieser und einige andere Hinweise
haben bis heute die Vermutung genährt, es könne neben den

142

Was an der ganzen Sache eigentlich ist, weiß ich nicht; da ich jedoch weiß,
daß die Mehrzahl der Flüchtlinge jeden directen revolutionären Versuch unter den jetzigen Verhältnissen für Unsinn hält, so konnte höchstens eine
ganz unbedeutende, durch keine Erfahrung belehrte Minderzahl an dergleichen gedacht haben. Die Hauptrolle unter den Verschworenen soll ein ge-
wisser Herr *v. Eib* gespielt haben. Daß dießes Individuum ein Agent des
Bundestags sey, ist mehr als wahrscheinlich; die Pässe, welche die Züricher
Polizey bey ihm fand, und der Umstand, daß er starke Summen von einem

drei bekannten Dramen Büchners ein viertes, verschollenes geben, in dessen Mittelpunkt die schillernde Figur des florentinischen Schriftstellers Pietro Arentino stehe. Man kann die Äußerung über die Drucklegung der drei Stücke gewiß mit Georgs Geldmangel in Verbindung bringen; möglicherweise hatte er ein Angebot erhalten. Dennoch ist es unwahrscheinlich, daß ein viertes fertiges Drama existiert bzw. verschollen ist. Vielleicht hat es den Plan für

82 Pietro Aretino (1492–1556). Gemälde von Tizian

dieses Stück gegeben; möglich ist auch, daß Büchner sich schon in Straßburg mit dem einflußreichen Publizisten und Zeitgenossen Leonardo da Vincis intensiv beschäftigt hat. Da jedoch in keiner der bekannten Quellen auch nur eine einzige klärende Äußerung hierzu aufgetaucht ist, darf man davon ausgehen, daß es bei Plänen und Notizen geblieben ist. Ansonsten ist ›Pietro Aretino‹ wohl mehr Wunsch als Wirklichkeit und womöglich nur die Folge einer verlockend funkelnden Kette von Mißverständnissen.

Ende Januar klingt Georgs ›Erkältung‹ ab, er scheint wieder gesund zu sein. Aber schon wenige Tage später klagt er seinem Studenten Tschudi gegenüber erneut über »Unwohlsein«. Denkbar ist, daß Georg sich beim Hantieren mit einem unsauberen Skalpell infiziert hat. Als Tschudi am 2. Februar »zur Collegiumsstunde auf sein Zimmer« kommt, findet er den Dozenten »sehr aufgeregt in seinen Schlafrock gehüllt,

Frankfurter Handelshause bezog, sprechen auf das directeste dafür. Der Kerl soll ein ehemaliger Schuster seyn, und dabey zieht er mit einer liederlichen Person aus Mannheim herum, die er für eine ungarische Gräfin ausgibt. Er scheint wirklich einige Esel unter den Flüchtlingen übertölpelt zu haben. Die ganze Geschichte hatte keinen andern Zweck, als, im Falle die Flüchtlinge sich zu einem öffentlichen Schritt hätten verleiten lassen, dem Bundestag einen gegründeten Vorwand zu geben, um auf die Ausweisung aller Refugiés aus der Schweiz zu dringen. *An die Familie in Darmstadt, Zürich, Juni 1836*

mit einem dicken wollenen Shawl um den Hals auf und ab gehend« vor. Am folgenden Tag verwandelt Caroline Schulz die kleine Kammer in eine Krankenstube und übernimmt die Pflege des Kranken. Während der nächsten zwei Wochen entwickelt Georg beinah haargenau die Symptomabfolge des *Typhus contagiosus* oder Petechial-Typhus, einer oft tödlich endenden Verlaufsform. Die zutreffende Diagnose durch die Ärzte erfolgt zu spät. Zu Fieber und Durchfall kommen schließlich Delirien und die für den Krankheitsverlauf typische verzerrte Mimik. Am 17. Februar trifft Minna Jaeglé in Zürich ein. Caroline Schulz hat sie alarmiert, und Minna hat viel früher kommen wollen, aber Krankenbesuche zwischen Verlobten gelten als unschicklich. Dr. Zehnder führt sie in das Krankenzimmer. Georg erkennt sie nicht mehr, sein Gesicht ist verzerrt. Nach »langem Anstarren«, erinnert sich ein Freund, »da mildert sich sein großer verwirrter Blick, u die krampfhaft verzogene Miene gestaltet sich zu einem leisen Lächeln – er erkennt sie – einen Augenblick u sinkt wieder in das gräßlichste Delirium zurück.« Einen Tag danach, am 19. Februar 1837, stirbt Georg Büchner, gerade 23 Jahre alt.

Sein Bruder Ludwig ist noch keine dreizehn und erinnert sich später. »Nie werden jene unheimlichen Abende aus mei-

Mein lieb Kind, Du bist voll zärtlicher Besorgniß und willst krank werden vor Angst; ich glaube gar, Du stirbst – aber *ich* habe keine Lust zum Sterben und bin gesund wie je. Ich glaube, die Furcht vor der Pflege hier hat mich gesund gemacht; in Straßburg wäre es ganz angenehm gewesen, und ich hätte mich mit dem größten Behagen in's Bett gelegt, vierzehn Tage lang, rue St. Guillaume No. 66, links eine Treppe hoch, in einem etwas über-zwergen Zimmer, mit grüner Tapete! Hätt' ich dort umsonst geklingelt? Es ist mir heut einigermaßen innerlich wohl, ich zehre noch von gestern, die Sonne war groß und warm im reinsten Himmel – und dazu hab' ich meine Laterne gelöscht und einen edlen Menschen an die Brust gedrückt, nämlich einen kleinen Wirth, der aussieht, wie ein betrunkenes Kaninchen, und mir in seinem prächtigen Hause vor der Stadt ein großes elegantes Zimmer vermiethet hat. Edler Mensch! Das Haus steht nicht weit vom See, vor meinen Fenstern die Wasserfläche und von allen Seiten die Alpen, wie sonnenglänzendes Gewölk. – Du kommst bald? mit dem Jugendmuth ist's fort, ich bekomme sonst graue Haare, ich muß mich bald wieder an Deiner inneren Glückseeligkeit stärken und Deiner göttlichen Unbefangenheit und Deinem lieben Leichtsinn und all Deinen bösen Eigenschaften, böses Mädchen. Adio piccola mia!
An Wilhelmine Jaeglé in Straßburg, Zürich, 27. Januar 1837

nem Gedächtnisse verschwinden, an denen die Briefe kamen, welche tagtäglich Bericht über den Fortgang der schrecklichen Krankheit brachten, bis endlich und zuletzt der schwarz gesiegelte Todesbrief mit der Nachricht ankam, daß Alles zu Ende sei.«

Die Beerdigung findet am Nachmittag des 21. Februar auf dem ›Krautgarten‹-Friedhof der Großmünstergemeinde in Zürich statt. Die Anteilnahme ist groß. Die Universität gibt ihrem Privatdozenten geschlossen das letzte Geleit, »die beiden Bürgermeister u. andere der angesehensten Einwohner der Stadt, an der Spitze«. Minna nimmt nicht an dem Begräbnis teil. Vielleicht schickt es sich für sie als ›nur‹ Verlobte nicht; vielleicht hat sie auch einfach nicht die Kraft, die Zeremonie zu ertragen.

Ende des Monats reist sie nach Straßburg zurück, wo sie eine auf den 27. Februar datierte Todesanzeige in Auftrag gibt, die sie an Georgs dortige Freunde und Bekannte versendet. Minna Jaeglé bleibt unverheiratet und überlebt ihren Bräutigam um 43 Jahre.

83   Friedhof Krautgarten von Südwesten. Aquarell von H. Baumann, um 1830

Zeittafel

1813   Am 17. Oktober wird Karl Georg Büchner in Goddelau im Großherzogtum Hessen-Darmstadt geboren.

1816   Die Familie Büchner bezieht ihren Wohnsitz in Darmstadt.

1821–1825   Georg Büchner besucht die »Privat-Erziehungs- und Unterrichtsanstalt« von Dr. Karl Weitershausen.

1825–1831   Besuch des »Pädagogs«, des Großherzoglichen Gymnasiums, in Darmstadt.

1831   Im November immatrikuliert sich Georg Büchner an der Medizinischen Fakultät der Straßburger Académie und wohnt im Hause des Pfarrers Johann Jakob Jaeglé.

1832   Im März kommt es zwischen Georg Büchner und der Pfarrerstochter Louise Wilhelmine (Minna) Jaeglé zur heimlichen Verlobung.

1833   Im Juni unternimmt Georg Büchner eine ausgedehnte Wanderung durch die Vogesen und kehrt im August nach Darmstadt zurück.
Im Oktober immatrikuliert er sich an der Medizinischen Fakultät der »Ludoviciana«, der Großherzoglich-Hessischen Landes-Universität Gießen. Wegen einer leichten Gehirnhautentzündung kehrt er im November zur Familie nach Darmstadt zurück und verbringt dort das Weihnachtsfest und den Jahreswechsel.

1834   Das Jahr beginnt mit einer tiefgreifenden Lebenskrise, die in dem sogenannten Fatalismusbrief an Minna Jaeglé ihren Ausdruck findet. Georg Büchner lernt den politisch oppositionellen Rektor Friedrich Ludwig Weidig aus Butzbach kennen, der ihn zum Entwurf des »Hessischen Landboten« anregt.
Im März formiert Büchner mit Gießener Kommilitonen und Freunden eine erste geheime oppositionelle Vereinigung, die »Gesellschaft für Menschenrechte«. Im Anschluß an eine Reise nach Straßburg zu Minna Jaeglé kehrt Georg Büchner im April nach Darmstadt zurück, wo er ebenfalls eine Sektion der »Gesellschaft« gründet.
Im Juli nimmt er an der Gründungsversammlung des »Preßvereins« auf der Ruine Badenburg bei Gießen teil, dessen Ziel es ist, neben dem »Hessischen Landboten« weitere agitatorische Flugschriften zu erstellen und zu verteilen.
Im August kommt es infolge einer Denunziation u. a. zur Verhaftung des Studenten Karl Minnigerode, der mit über hundert Exemplaren des »Hessischen Landboten« aufgegriffen wird. Georg Büchner warnt Freunde und Betei-

ligte und sieht sich selbst einer behördlichen Untersuchung ausgesetzt.
Im September, nach Vorlesungsschluß, reist Büchner nach Darmstadt und ist dort u. a. an den Vorbereitungen für eine Gefangenenbefreiung beteiligt, die Inhaftierten wie Karl Minnigerode zur Flucht aus der Festung Friedberg verhelfen soll.

1835   Zum Jahresbeginn arbeitet Georg Büchner an »Danton's Tod«. Im Frühjahr weigert er sich, einer behörlichen Vorladung Folge zu leisten und flieht von Darmstadt nach Straßburg. Hier entstehen im Mai der Plan für eine Lenz-»Novelle« sowie im Oktober die Übersetzungen von Victor Hugos »Lucrèce Borgia« und »Marie Tudor«.
Im Herbst und Winter arbeitet Büchner an philosophischen Studien über Descartes und Spinoza und beginnt mit einer morphologischen Untersuchung über das Nervensystem der Flußbarbe, die er im Fol-

gejahr als Doktorarbeit der Philosophischen Fakultät der Universität Zürich vorlegt.

1836   Im April stellt Büchner seine Arbeit der Straßburger Naturhistorischen Gesellschaft vor. Während des Sommers schreibt er die erste Fassung von »Leonce und Lena« sowie die erstene Entwürfe zu »Woyzeck«. Im September wird er aufgrund seiner Dissertation von der Philosophischen Fakultät Zürich zum Dr. phil. promoviert.
Im Oktober wechselt er seinen Wohnsitz nach Zürich und beginnt im November mit seinen Vorlesungen über vergleichende Anatomie.

1837   Ende Januar erkrankt Büchner und ist vom 2. Februar an bettlägerig. Nur eine Woche später treten Delirien ein; der Arzt diagnostiziert Typhus. Am 19. Februar stirbt Georg Büchner und wird zwei Tage später im Beisein wichtiger Vertreter der Stadt und der Universität beigesetzt.

Bibliographie

Werkausgaben

[Georg Büchner/Friedrich Ludwig Weidig]: Der Hessische Landbote. Erste Botschaft. Darmstadt [d. i. Offenbach, durch Carl Preller], im Juli 1834

[Georg Büchner/Friedrich Ludwig Weidig/Leopold Eichelberg]: Der hessische Landbote. Erste Botschaft [d. i. Marburg, durch Ludwig August Rühle], im November 1834

Georg Büchner: Danton's Tod. In: Phönix. Frühlings-Zeitung für Deutschland. Frankfurt a. M., Nr. 73–77, 79–83, 26. März bis 7. April 1835

Georg Büchner: Danton's Tod. Dramatische Bilder aus Frankreichs Schreckensherrschaft. Frankfurt a. M. 1835

Victor Hugo: Lucretia Borgia. Drama. Uebersetzt von Georg Büchner/Maria Tudor. Drama. Uebersetzt von Georg Büchner. In: Victor Hugo's sämmtliche Werke, Bd. 6. Frankfurt a. M. 1835, S. 1–103; 105–229

Georg Büchner: Mémoire sur le système nerveux du barbeau (Cyprinus barbus L.). In: Mémoires de la Société du Musée d'histoire naturelle de Strasbourg. Tome second. Paris, Straßburg 1835. Deuxième livraison [1835]

Georg Büchner: Leonce und Lena. Ein Lustspiel. In: Telegraph für Deutschland, Nr. 76–80, Mai 1838

Georg Büchner: Lenz. Eine Reliquie. In: Telegraph für Deutschland, Nr. 5, 7–11, 13–14, Januar 1839

Georg Büchner: Wozzeck. Ein Trauerspielfragment. In: Mehr Licht! Eine deutsche Wochenschrift für Literatur und Kunst, Nr. 1–3, 5., 12., 19. Oktober 1878

Sämtliche neun Titel, ergänzt durch die Büchner-Nachrufe von Wilhelm Schulz und Karl Gutzkow, liegen als Faksimile vor:

Georg Büchner: Gesammelte Werke. Erstdrucke und Erstausgaben in Faksimiles. 10 Bändchen in Kassette. Hg. von Thomas Michael Mayer. Frankfurt a. M. 1987

Georg Büchner's Sämtliche Werke und Briefe. Hg. von Fritz Bergemann. Leipzig 1922 ([2]1926, [3]1940, [4]1949, [5]1952, [6]1956; Wiesbaden 1958; München 1965)

Büchner, Georg: Briefwechsel. Kritische Studienausgabe hg. von Jan-Christoph Hauschild. Basel 1994
In der vorliegenden Publikation wurden die entsprechenden Stellen aus den Briefen Georg Büchners nach dieser Ausgabe zitiert.

Georg Büchner's Sämmtliche Werke und handschriftlicher Nachlaß. Erste kritische Gesammt-Ausgabe. Eingeleitet und hg. von Karl Emil Franzos. Frankfurt a. M. 1879 (»Zweite billige Ausgabe« Berlin 1902)

Gersch, Hubert (Hg.): Georg Büchner: Lenz, Studienausgabe. Stuttgart 1984

Georg Büchner: Sämtliche Werke und Briefe. Historisch-kritische Ausgabe mit Kommentar. Hg. von Werner R. Lehmann (Hamburger bzw. Hanser-Ausgabe). 2 Bde., Hamburg (dann München) 1967 (³1979) und 1971 [Kommentarband nicht erschienen]

Georg Büchner: Werke und Briefe. Münchner Ausgabe. Hg. von Karl Pörnbacher, Gerhard Schaub, Hans-Joachim Simm und Edda Ziegler. München ³1992.

Nachgelassene Schriften von Georg Büchner. [Hg. von Ludwig Büchner.] Frankfurt a. M. 1850

Becker, Peter von (Hg.): Georg Büchner: Leonce und Lena. Kritische Studienausgabe des Originals mit Quellen, Aufsätzen und Materialien. Frankfurt a. M. ²1985

Dedner, Burghard (Hg.): Georg Büchner: Leonce und Lena. Kritische Studienausgabe, Beiträge zu Text und Quellen. Frankfurt a. M. 1987

Schaub, Gerhard (Hg.): Georg Büchner, Friedrich Ludwig Weidig: Der Hessische Landbote. Texte, Materialien, Kommentar. München 1976

Schmid Gerhard (Bearb.): Georg Büchner: Woyzeck. Faksimile der Handschriften. Leipzig (desgl. Wiesbaden) 1981

Weiterführende Literatur

Die Georg Büchner-Literatur seit 1977 verzeichnet das Georg Büchner Jahrbuch (1981ff.)

Der Prozeß gegen die oberhessische Demokratie (1833–1838). Eine Sammlung von Akten und Verhörprotokollen gegen die Zirkel um Friedrich Ludwig Weidig in Butzbach, Georg Büchner in Gießen und Leopold Eichelberg in Marburg. Zusammengestellt von Thomas Michael Mayer. Unveröffentlichte Sammlung in 36 Bänden. Marburg 1973
Standort: Forschungsstelle Georg Büchner, Am Grün 1, D-35037 Marburg/Lahn

Georg Büchner Jahrbuch. Hg. von Thomas Michael Mayer. Frankfurt a. M. (dann Tübingen) 1981 ff.
wichtiges Organ der Büchner-Forschung

Interpretationen. Georg Büchner: Dantons Tod, Lenz, Leonce und Lena, Woyzeck. Stuttgart 1990

Georg Büchner: Revolutionär, Dichter, Wissenschaftler 1813 bis 1837. Der Katalog. Ausstellung Mathildenhöhe, Darmstadt, 2. August bis 27. September 1987. Basel, Frankfurt a. M. 1987
reichhaltiges Lese- und Bilderbuch zu allen Aspekten von Büchners Leben, Werk und Wirkung

Arnold, Heinz Ludwig (Hg.): Georg Büchner I / II. München ²1982 (text + kritik, Sonderband)

Ders.: Georg Büchner III. München 1981 (text + kritik, Sonderband)
wichtige Sammlung von Aufsätzen, Forschungsberichten und Bibliographien

Marburger Denkschrift über Voraussetzungen und Prinzipien

einer Historisch-kritischen Ausgabe der Sämtlichen Werke von Schriften Georg Büchners. Hg. von der Forschungsstelle Georg Büchner (...) und der Georg Büchner Gesellschaft. Marburg 1984 (als Manuskript gedruckt)

Adolphs, Lotte: Industrielle Kinderarbeit im 19. Jahrhundert. Duisburg 1972

Baumann, Kurt (Hg.): Das Hambacher Fest. 27. Mai 1832. Männer und Ideen. Speyer 1957

Büchner, Luise: Ein Dichter. Novellenfragment. (Hg. von Ludwig Büchner.) In: Büchner, Luise: Nachgelassene belletristische und vermischte Schriften in zwei Bänden. Frankfurt a. M. 1878, Bd. 1, S. 179–262
wichtige, wenn auch umstrittene Quelle zur Familiensituation im Hause Büchner um 1830

Damm, Sigrid: Vögel, die verkünden Land. Das Leben des Jakob Michael Reinhold Lenz. Berlin, Weimar 1985

Dedner, Burghard (Hg.): Der widerständige Klassiker. Einleitungen zu Büchner vom Nachmärz bis zur Weimarer Republik. Frankfurt a. M. 1990
kommentierter Neudruck der Einleitungen zu den wichtigsten Büchner-Ausgaben von 1850–1927

Deuster, Hans: Die Büchners im Ried. Riedstadt 1997

Esselborn, Karl / Hammann, Wilhelm: Unter Diltheykastanie. Schulerinnerungen … Darmstadt 1929

Gillmann, Erika / Mayer, Thomas Michael / Papst, Reinhard / Wolf, Dieter (Hg.): Georg Büchner an »Hund« und »Kater«. Unbekannte Briefe des Exils. Marburg 1993
aufsehenerregende Dokumentation eines Handschriftenfunds von 1993

Grab, Walter: Dr. Wilhelm Schulz von Darmstadt. Weggefährte von Georg Büchner und Inspirator von Karl Marx. Frankfurt a. M. 1987

Grab, Walter / Friesel, Uwe: Noch ist Deutschland nicht verloren. Eine literarisch-politische Analyse von der Französischen Revolution bis zur Reichsgründung. München 1970

Hauschild, Jan Christoph: Georg Büchner. Biographie. Berlin 1997
erweiterte Taschenbuchausgabe der Biographie von 1993 (Stuttgart)]

Ders.: Georg Büchner. Mit Selbstzeugnissen und Bilddokumenten dargestellt. Reinbek ³1997
Rowohlt-Kurzversion der großangelegten Biographie von 1993/97

Ders.: Georg Büchner. Studien und neue Quellen zu Leben, Werk und Wirkung. Mit zwei unbekannten Büchner Briefen. Königstein / Ts. 1985
Standardwerk zur Editions- und Wirkungsgeschichte von 1835 bis zur Jahrhundertwende

Heischkel-Artelt, Edith (Hg.): Ernährung und Ernährungslehre im 19. Jahrhundert. Göttingen 1976

Hinderer, Walter: Büchner-Kommentar zum dichterischen Werk. München 1977

Hübner-Bopp, Rosemarie: Georg Büchner als Übersetzer Victor Hugos. Unter Berücksichtigung der zeitgleichen Übersetzungen von »Lucrèce Borgia« und »Marie Tudor« sowie der Aufnahme Victor Hugos in der deutschen Literaturkritik von 1827 bis 1835. Frankfurt a. M. u. a. 1990
erste fundierte Untersuchung zu Büchners Übersetzungen

Kaufmann, Ulrich: Dichter in »stehender Zeit«. Studien zur

Georg-Büchner-Rezeption in der DDR. Jena 1992

Knapp, Gerhard P.: Georg Büchner. Eine kritische Einführung in die Forschung. Frankfurt a. M. 1975

Ders.: Georg Büchner: Dantons Tod. Frankfurt a. M. ²1987

Lepenies, Wolf: Melancholie und Gesellschaft. Frankfurt a. M. ¹1969

Literarische Geheimberichte aus dem Vormärz. Mit Einleitung und Anmerkungen. Wien 1912 (Reprint Hildesheim 1975)

Mayer, Thomas Michael: Die Entstehung des Entwurfs [zum »Hessischen Landboten«]. Typoskript 1976

Ders.: Georg Büchners Entwurf des »Hessischen Landboten« und die Gründung der Gießener ›Gesellschaft für Menschenrechte‹. Exkurs zur Chronologie. Typoskript 1976 / 77

Ders.: Die Verbreitung und Wirkung des »Hessischen Landboten«. In: Georg Büchner Jahrbuch 1 (1981), S. 61–111

Ders.: Bausteine und Marginalien. In: Georg Büchner Jahrbuch 1 (1981), S. 187–223

Ders.: Unbekannte Briefe aus der ›Gesellschaft für Menschenrechte‹ (Herbst 1834). In: Georg Büchner Jahrbuch 1 (1981), S. 275–286.

Ders.: Das Protokoll der Straßburger Studentenverbindung ›Eugenia‹. In: Georg Büchner Jahrbuch 6 (1986/87), S. 324–329

Pöls, Werner : Deutsche Sozialgeschichte, Bd. I (1815–1870). München 1973

Proelß, Johannes: Das Junge Deutschland. Ein Buch deutscher Geistesgeschichte. Stuttgart 1982

Ruckhäberle, Hans-Joachim: Flugschriftenliteratur im literarischen Umkreis Georg Büchners. Kronberg / Ts. 1975

Schaub, Gerhard: Georg Büchner und die Schulrhetorik. Untersuchungen und Quellen zu seinen Schülerarbeiten. Bern, Frankfurt a. M. 1975

Schlick, Werner: Das Georg-Büchner-Schrifttum bis 1965. Eine internationale Bibliographie. Hildesheim 1968

Schmidt, Walter / Köttler, Wolfgang / Seeber, Gustav (Hg.): Große Französische Revolution und revolutionäre Arbeiterbewegung. Geschichtsbewußtsein, Gesellschaftstheorien und revolutionärer Kampf. Berlin 1989

Siemann, Wolfram: Deutschlands Ruhe, Sicherheit und Ordnung. Die Anfänge der politischen Polizei 1806–1866. Tübingen 1985.

Teuteberg, Hans Jürgen / Wiegelmann, Günter: Der Wandel der Nahrungsgewohnheiten unter dem Einfluß der Industrialisierung. Göttingen 1972

Wender, Herbert: Georg Büchners Bild der Großen Revolution. Zu den Quellen von »Danton's Tod«. Frankfurt a. M. 1988

Register

Bildnachweise

*Die Rechte der hier nicht aufgeführten
Abbildungen liegen beim Autor, beim Herausgeber oder konnten nicht ausfindig
gemacht werden.*

<u>dtv</u> portrait

Herausgegeben von
Martin Sulzer-Reichel

Hildegard von Bingen
Von Michaela Diers
dtv 31008
April 1998

Otto von Bismarck
Von Theo Schwarzmüller
dtv 31000
April 1998

Georg Büchner
Von Jürgen Seidel
dtv 31001
April 1998

**Annette von
Droste-Hülshoff**
Von Winfried Freund
dtv 31002
April 1998

Elisabeth von Österreich
Von Martha Schad
dtv 31006
Juni 1998

Theodor Fontane
Von Cord Beintmann
dtv 31003
April 1998

Heinrich von Kleist
Von Peter Staengle
dtv 31009
September 1998

Gotthold Ephraim Lessing
Von Gisbert Ter-Nedden
dtv 31004
August 1998

Stéphane Mallarmé
Von Hans Therre
dtv 31007
Juli 1998

Rainer Maria Rilke
Von Stefan Schank
dtv 31005
Mai 1998

dtv